Axel Gutjahr

LIEBLINGS KRÄUTER

Alles über Anbau, Pflege und Verwendung

Mit großem WILDKRÄUTER-SPECIAL

EMF

EIN BUCH DER
EDITION MICHAEL FISCHER

INHALT

REZEPTE AUS KÜCHE, HAUSMEDIZIN UND NATURKOSMETIK

VORWORT

Die große Gruppe der sogenannten Kräuter ist enorm wichtig für den Menschen. So werden Kräuter in verschiedenster Weise in der Küche verwendet, wo man sie zum Würzen und Garnieren einsetzt. Auch die Medizin bedient sich bereits seit Jahrtausenden der heilenden Wirkstoffe, die in manchen Kräutern enthalten sind. Nicht zuletzt erfreuen sich viele Kräuter aufgrund ihrer positiven kosmetischen Wirkung einer großen Beliebtheit.

Während sich eine beachtliche Zahl an Kräutern gut zur Kultivierung im Garten eignet, ist es bei anderen oft effektiver, sie in der freien Natur zu sammeln.

Dieses Buch möchte Sie auf eine Reise in die wunderbare Welt der Kräuter entführen. Auf dieser Reise lernen Sie nicht nur zahlreiche Kräuter in Wort und Bild kennen, sondern erfahren auch, wofür sie sich am besten verwenden lassen. Darüber hinaus erhalten Sie nützliche Hinweise, wie sich Kräuter im Garten, auf dem Balkon oder sogar auf der Fensterbank so kultivieren lassen, dass sie optimale Erträge liefern. Effiziente Tipps zur Lagerung und Konservierung von Kräutern sowie eine Vielzahl an raffinierten Kochrezepten und Ratschlägen zu medizinischen Einsatzmöglichkeiten runden das Thema ab.

GRUNDLAGEN

WIR NENNEN SIE KRÄUTER

Egel, ob Kräuter aus der freien Natur oder dem Hausgarten stammen. Sie faszinieren uns nicht nur mit ihrem unterschiedlichen Aussehen und ihrer Vielzahl an Geschmacksnuancen, sondern auch mit ihren zahlreichen Verwendungsmöglichkeiten.

VON KURZ- UND LANGLEBIGEN

Umgangssprachlich bezeichnen wir viele Pflanzen, die in der Küche und Volksmedizin Verwendung finden, als **Kräuter.** Ich möchte mich diesem fest verankerten Begriff anschließen, auch wenn es sich nicht bei allen dieser Pflanzen um Kräuter im botanischen Sinne handelt.

Botanisch gesehen gehören zu den Kräutern nur diejenigen Pflanzen, die nicht verholzen und kein sekundäres Dickenwachstum zeigen. Außerdem haben alle Kräuter Blüten, und ihre oberirdischen Teile sterben im jahreszeitlichen Rhythmus ab. Während kurzlebige Stauden nur zwei oder drei Jahre überdauern, bleiben langlebige über deutlich größere Zeiträume erhalten. Aus ihren absterbenden oberirdischen Teilen ziehen Stauden die darin enthaltenen wertvollen Substanzen zurück und deponieren sie in Speicherorganen, wie beispielsweise in Knollen und Rhizomen (ein meist unterirdisch oder dicht über dem Boden wachsendes Sprossachsensystem). Dadurch können Stauden kalte beziehungsweise trockene Zeiten weitgehend unbeschadet überstehen, um im folgenden Frühjahr wieder auszutreiben.

Borretsch gehört zu den einjährigen Kräutern.

Die essbaren Blüten der Großen Kapuzinerkresse eignen sich hervorragend zum Garnieren kalter Platten.

GRÜNE ÄRZTE, GESCHMACKSTIMULI UND UMWELTSCHÜTZER

Viele der im Garten kultivierten und in der Natur wachsenden Kräuter fungieren als **Grüne Ärzte**, mit denen sich sowohl Erkrankungen vermeiden als auch heilen lassen. Ihr wohl größter Vorteil besteht darin, dass sie frei von chemischen Zusatzstoffen sind. Aus diesem Grund werden Heilkräuter meist gut vertragen und lösen kaum unerwünschte Nebenwirkungen im Körper aus.

Ähnlich verhält es sich mit **Küchenkräutern**. Manche von ihnen verstärken den Geschmack von Speisen, wie das Bohnenkraut, das gern zum Würzen von Suppen, Salaten und Pilzgerichten genutzt wird. Andere, wie etwa Schnittlauch, sorgen für eine besonders pikante Note oder runden den Geschmack ab. Darüber hinaus lässt sich durch den Gebrauch von Kräutern oft der Einsatz scharfer Gewürze reduzieren. So besitzt beispielsweise Basilikum einen scharf-pfeffrigen Geschmack und stellt als Zutat im Tomatensalat eine raffinierte Ergänzung zum gemahlenen Pfeffer dar. Im Garten haben sich einige Kräuter sogar als echte **Umweltschützer** erwiesen, mit denen man auf chemische Schädlingsbekämpfungsmittel verzichten kann. In der Nähe bestimmter Nutzpflanzen gepflanzt, verhindern deren abgegebene Duft- und Geruchstoffe einen Befall von Schadinsekten an den betreffenden Gemüsearten. So ist das Bohnenkraut eine hervorragende Nachbarschaftspflanze für Buschbohnen. Es verhindert, dass die Bohnenpflanzen von der Schwarzen Bohnenlaus (einer Blattlausart) befallen werden. Ganz nebenbei fördert das Bohnenkraut auch noch das Wachstum und die Aromabildung der Bohnen. In der Nähe von Tomaten oder Kohlarten platziertes Basilikum wirkt dem Befall von Mehltaupilzen und von Weißen Fliegen an diesen Gemüsepflanzen entgegen. Der Duft des Wermut hält in einem Lauchbeet die Lauchminierfliegen fern.

Basilikum schützt Porree vor Lauchminierfliegen.

EINE KLEINE KRÄUTERGESCHICHTE

Schon immer hat sich der Mensch intensiv mit seiner Umwelt befasst. So war er stets bestrebt, zu ergründen, welche Geheimnisse hinter allen möglichen Dingen stecken. Als das Geheimnis der Wirkung von Kräutern gelüftet wurde, wurden sie sogleich vorteilhaft genutzt.

SO ALT WIE DIE MENSCHHEIT

Seit es Menschen gibt, werden Kräuter genutzt. Anfangs waren diese ein wichtiger Bestandteil der täglichen Nahrung, bei deren Verzehr die Menschen vielfältige Erfahrungen sammelten. In einem Prozess, der sich Zehntausende, wenn nicht sogar Hunderttausende von Jahren erstreckte, stellten sie fest, dass es ihnen nach dem Verzehr bestimmter Kräuter gesundheitlich besser ging. Diese Erfahrungen wurden mündlich von Generation zu Generation weitergegeben. Oftmals begannen einzelne Personen, wie **Schamanen**, die in den Sippen der Jäger und Sammler lebten, sich intensiver mit Kräutern zu befassen. Vermutlich verwendeten sie auch bei Ritualen Kräuter, wenn sie beispielsweise den Geistern Opfer brachten und diese dabei um Jagderfolg und Wohlergehen für ihre Sippe baten. Gleichzeitig waren diese Personen die Vorläufer der ersten Ärzte. Indem sie Kranken auch spezielle Kräuter zum Verzehr verabreichten, wurden gelegentlich Erfolge erzielt. Vermutlich begannen die frühen Menschen auch schon, ihre Nahrung mit Kräutern zu würzen.

Schamanen verwendeten oft Kräuter bei Ritualen.

KRÄUTER IN DER MEDIZIN

Aus den alten Hochkulturen, beispielsweise denen der Chinesen, Ägypter sowie der antiken griechischen Stadtstaaten, liegen schriftliche Nachweise über die Verwendung von Kräutern in Küche und Medizin vor. Obwohl zu jener Zeit noch so manche Pflanze medizinisch falsch oder wirkungslos eingesetzt wurde, war das damalige Kräuterwissen schon sehr beachtlich.

Zu Beginn des Mittelalters waren es vor allem die Klöster, die sich intensiv der Kräuterkunde widmeten. Viele besaßen umfangreiche Gärten, in denen sie sowohl Heil- als auch Küchenkräuter anbauten. Die wohl bekannteste Kräuterkundlerin jener Zeit war die **Äbtissin Hildegard (1098–1179),** die sich intensiv mit der heilenden Wirkung von Kräutern befasste.

Ein berühmter Arzt, der zum Ende des Mittelalters praktizierte und revolutionäre Denkansätze hatte, war **Theophrastus Bombast von Hohenheim (1494-1541),** besser bekannt als **Paracelsus.** Er nutzte ganz gezielt Kräuter für therapeutische Zwecke und erreichte für die damalige Zeit eine ganze Reihe hervorragender Heilerfolge.

Zu den Schrittmachern, die nicht nur Kräuter für medizinische Anwendungen einsetzten, sondern vehement eine gesunde Lebensweise propagierten, gehörte auch der Hydrotherapeut und Naturheilkundler **Sebastian Anton Kneipp (1821–1897).**

In den letzten hundert bis hundertfünfzig Jahren gelang es der Wissenschaft, zahlreiche biochemische Substanzen, welche in Pflanzen enthalten sind, exakt zu analysieren und gleichzeitig deren Bedeutung für den menschlichen Körper zu ermitteln. Man stellte beispielsweise fest, dass bestimmte Pflanzen reichlich Vitamin C enthalten, welches einen lebensnotwendigen Bestandteil für die Gesundheit und Leistungsfähigkeit des menschlichen Körpers darstellt. Aufgrund dieser Erkenntnisse begannen viele Menschen, die Vorzüge von Kräutern noch intensiver als früher in der Küche und der Hausmedizin zu nutzen.

In den letzten 20 bis 30 Jahren stieg auch das Interesse an Naturkosmetik. Grund dafür ist, dass die Produkte entweder keine oder nur sehr wenige chemische Stoffe enthalten.

ALLE SIND ANSPRUCHSVOLL

Oft wird davon gesprochen, dass diese oder jene Pflanze anspruchslos sei. Mit der Anspruchslosigkeit einer Pflanze meinen wir, dass der Pflegeaufwand für diese Art verhältnismäßig gering ist. Aber auch solche Pflanzen haben spezielle Ansprüche, wie etwa einen trockenen Standort, der häufiges Gießen überflüssig macht. Bewässern wir eine solche Trockenheit liebende Pflanze fälschlicherweise zu intensiv, kann es passieren, dass sie kümmert oder sogar ihre Wurzeln faulen.

DIE MEISTEN LIEBEN SONNE

Die Mehrzahl der in diesem Buch vorgestellten Kräuter bevorzugt sonnige bis halbschattige Standorte. Die Sonneneinstrahlung ist in ihrer Intensität und Dauer die wichtigste Voraussetzung für die Fotosynthese. Je länger diese beiden Faktoren einwirken, desto größer ist deren fotosynthetische Leistung. Im Rahmen der **Fotosynthese** wandelt das auch als **Chlorophyll** bezeichnete Blattgrün Kohlendioxid und Wasser zu Kohlenhydraten (Zucker) um. Diese Kohlenhydrate sind wiederum ein entscheidender Faktor für die mit dem Wachstum verbundene Biomassebildung sowie die allgemeine Entwicklung der Pflanzen. Deshalb ist es ratsam, für im Garten angebaute sonnenhungrige Kräuter sonnige

Mediterrane Kräuter mögen meist relativ trockene Böden.

Standorte zu wählen. Falls man in einem Kräuterbeet mehrere Arten anbaut, sollte die Gruppierung so nach Süden (von wo die intensivste Einstrahlung erfolgt) ausgerichtet sein, dass die niedrigwüchsigen Kräuter in vorderen und die höherwüchsigen in den hinteren Bereichen stehen. Durch diese Anordnung vermeidet man, dass die hochwüchsigen Kräuter auf die niedrig wachsenden Schatten werfen.

EINFLUSSFAKTOR TEMPERATUR

Neben der Sonneneinstrahlung stellt die Umgebungstemperatur sowohl der umgebenden Luft als auch des Bodens ein weiteres Einflusskriterium auf das Wachstum dar. Entsprechend der **Van-'t-Hoff'schen-Regel** beschleunigen wärmere Böden einen schnelleren Austrieb, wodurch wiederum eine größere Biomasseproduktion und/oder eine zeitigere Ernte möglich sind.

Die Temperatur lässt sich zwar nur in geringem Umfang beeinflussen, man kann aber bestmöglich von ihr profitieren, indem man den Standort der Kräuter entsprechend auswählt. Eine Möglichkeit ist, die Strahlkraft von Wohngebäuden zu nutzen. Pflanzen, die in unmittelbarer Nähe eines kontinuierlich beheizten Gebäudes stehen, treiben im Frühjahr fast immer früher aus als vergleichbare Artgenossen, weil der dortige Boden und die Luft etwas wärmer sind.

Auch diejenigen Ecken des Gartens, die als windgeschützt gelten, zeigen oftmals eine – wenn auch für Menschen kaum wahrnehmbare – höhere Temperatur, weil der Wind dorthin weniger kalte Luft tragen kann. Auch wenn die Temperatur im Jahresmittel an solchen Stellen nur um 0,2–0,5 °C höher liegt als in der Umgebung, wirkt sich das förderlich auf das Pflanzenwachstum aus.

GUT ZU WISSEN

Die auch als RGT-Regel bezeichnete **Van-'t-Hoff'sche-Regel** besagt, dass alle Stoffwechselprozesse (also auch das damit in engem Zusammenhang stehende Wachstum der Kräuter) bei einer Temperaturerhöhung um 10 °C doppelt bis dreimal so schnell ablaufen.

Ein schnelleres Wachstum birgt den Vorteil, dass die Jungpflanzen durch eventuellen Fraß von Schädlingen weniger stark geschädigt werden und sich deshalb zu kräftigeren Exemplaren entwickeln können.

Die meisten Kräuter sind ausgesprochene „Sonnenkinder".

EINFLUSSFAKTOR BODEN

Man sagt, der Mensch lebt nicht von Brot allein – und das ist analog auch bei Pflanzen so. Neben dem für die Fotosynthese notwendigen Wasser und Kohlendioxid stellt die Qualität des Bodens einen weiteren entscheidenden Einflussfaktor für die Biomassebildung dar.

Der Boden dient den Kräutern nicht nur als Standort, in dem sie sich mit ihren Wurzeln fest verankern, sondern auch als Nährstoffreservoir. Aus ihm nehmen die Kräuter – je nach Bedarf - unterschiedlich große Mengen an lebensnotwendigen Substanzen auf, zu denen unter anderem **Stickstoff, Calcium, Kalium, Magnesium, Eisen, Schwefel, Phosphor, Mangan und Bor** gehören. Erfolgt keine kontinuierliche Auffüllung dieser Reservoire über Düngungsmaßnahmen, büßt der Boden im Laufe der Zeit immer mehr von seiner Fruchtbarkeit ein, was verminderte Erträge zur Folge hat.

Neben dem Nährstoffgehalt wird die Qualität des Bodens auch maßgeblich vom Wärmehaltevermögen, der Luftdurchlässigkeit sowie vom Humusgehalt beeinflusst.

Der Boden ist auch ein wichtiges Nährstoffreservoir.

GUT ZU WISSEN

Humus ist die Gesamtheit der strukturlosen Masse des Bodens, die im Laufe der Zeit aus dem Abbau von pflanzlichen und tierischen Resten entsteht. Dieser Abbau erfolgt vor allem durch unzählige kleine und kleinste, als Edaphon bezeichnete Bodenorganismen, deren Spektrum sich von Regenwürmern über Springschwänze und Milben bis hin zu winzigen Algen, Pilzen und Bakterien erstreckt. Gemeinsam mit dem im Boden enthaltenen Calcium (Kalk) wirkt sich der Humus auch förderlich auf die erwünschte feinkrümelige Struktur des Bodens aus. Je krümeliger der Boden ist, desto besser kann die Luft in ihm zirkulieren, was ebenfalls einen wichtigen Faktor für das Wachstum der Pflanzen darstellt.

Beim Humus unterscheidet man zwischen Nähr- und Dauerhumus. Bei Ersterem handelt es sich um jene organischen Stoffe, die im Boden schnell abgebaut werden. Im Vergleich zum Nährhumus erfolgt der Abbau des Dauerhumus sehr langsam. Er ist das Endprodukt, das durch den Abbau von Nährhumus und/oder durch eine umfassende Kompostierung entsteht.

Eine grobe Einschätzung des Dauerhumusgehaltes des Bodens lässt sich bereits von dessen Färbung ableiten. Je dunkler diese Färbung ist, umso höher ist normalerweise der Humusanteil.

Von sauer bis basisch: Der pH-Wert

Ein weiterer Einflussfaktor auf die Bodenqualität ist der **pH-Wert.** Dieser wird maßgeblich von den im Boden vorhandenen basischen Mineralien (allen voran Calcium, Magnesium und Kalium) bestimmt. Beim pH-Wert handelt es sich um den in Zahlen ausgedrückten negativen dekadischen Logarithmus der Wasserstoffionenkonzentration. Einfacher gesagt, gibt er an, ob der Boden sauer, alkalisch oder neutral ist. Bei einem **pH-Wert von 7, 0** sind die Konzentrationen von Wasserstoff- (H+) und Hydroxidionen (OH-) identisch, sodass der Boden **neutral** reagiert. Liegt ein Überschuss an Wasserstoffionen vor, sinkt der **pH-Wert unter 7,0** und der **Säuerungsgrad des Bodens erhöht** sich zunehmend. Steigt dagegen bei einer erhöhten Konzentration von Hydroxidionen der **pH-Wert über 7,0,** weist der Boden einen zunehmend **alkalischen** Charakter auf. Der Fachhandel bietet preiswerte Teststreifen an, mit denen sich der pH-Wert des Bodens sehr einfach ermitteln lässt. Dazu genügt es, einen Teststreifen auf den Boden zu drücken, wenn dieser nach einem Regenguss noch etwas feucht ist. Anhand der Einfärbung des Teststreifens lässt sich dann mithilfe einer Farbtafel der pH-Wert problemlos bestimmen.

FAUSTREGEL: PH-WERT

Als Faustregel kann man sich merken: Stark Nässe liebende Pflanzen bevorzugen häufig einen **sauren pH-Wert (6,0 – 6,7).** Pflanzen, die am liebsten auf leicht feuchten (man spricht auch von frischen) Böden stehen, mögen eher einen pH-Wert um den **Neutralpunkt (6,7 – 7,2).** Arten, die am besten auf trockenen Standorten gedeihen, fühlen sich zumeist auf **basischem Boden (ab 7,3)** besonders wohl.

In vielen Gärten tendieren die Böden zu einem sauren pH-Wert, welcher in der Regel Ertragseinbußen bei der Ernte bewirkt. Ein häufiger, pflanzlicher Indikator für saure Böden ist eine reichliche Bildung von Moosen. Solche sauren Böden lassen sich am besten durch regelmäßige **Kalkdüngungen** revitalisieren. Dadurch wird im Laufe der Zeit der **pH-Wert in Richtung 7,0** angehoben.

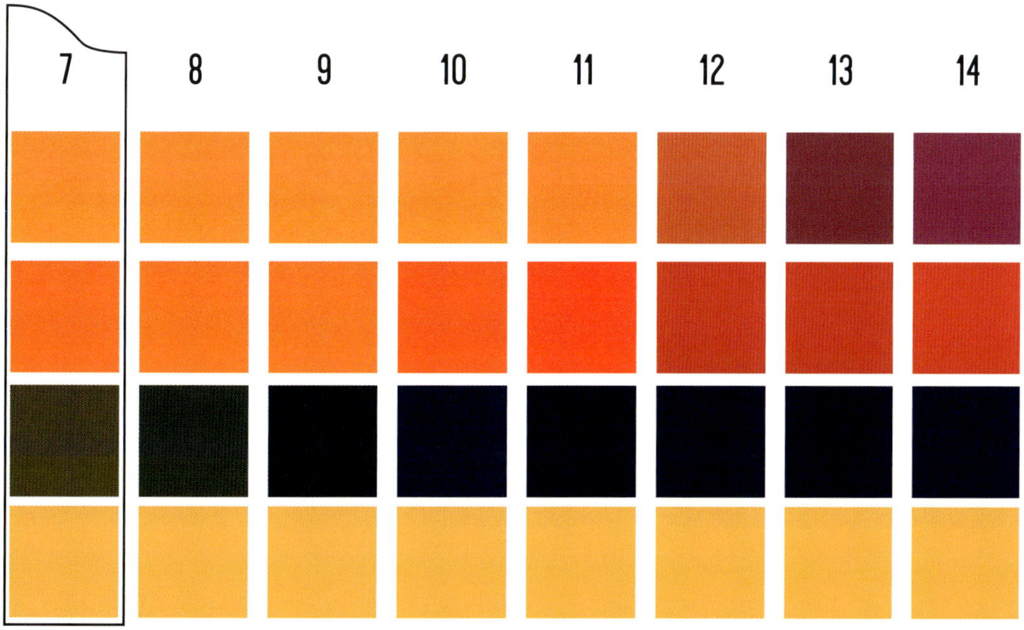

Anhand der Verfärbung des Teststreifens lässt sich der genaue pH-Wert bestimmen.

Immer schön locker bleiben

Um bestmöglich zu gedeihen, benötigen alle Kräuter optimale Pflege, die vor allem ein mehr oder weniger häufiges Düngen, Hacken und Gießen umfasst. Allerdings wird die Bedeutung des regelmäßigen Hackens oft unterschätzt.

Bloßes Gießen und Düngen reichen nicht aus, um Höchsterträge zu erzielen. Im Gegenteil, das Gießwasser schwemmt einen Großteil der im Boden enthaltenen Poren zu, wodurch sich das Erdreich verdichtet, was eine erhebliche Beeinträchtigung der Luftzirkulation im Boden zur Folge hat. In einem derartigen, zuweilen stark verkrusteten Erdreich kann Regen nur schwer eindringen, weshalb ein großer Teil davon ungenutzt wegfließt. Regelmäßiges **Hacken** wirkt nicht nur diesen Problemen entgegen, sondern trägt außerdem zur Erhöhung einer feinen Krümelstruktur im Boden bei. Mancher Kleingärtner ist im ersten Moment etwas verblüfft, wenn er hört, dass pflanzengerechtes Gießen gelernt sein will. Oftmals macht man den Fehler, die Pflanzen häufig, aber dafür nur mit sehr wenig Wasser zu betröpfeln. Unter derartigen Bedingungen erreicht der Großteil des Gießwassers nicht die Pflanzenwurzeln und bleibt weitgehend unwirksam. Aus diesem Grund ist es besser, die Pflanzen in etwas größeren Abständen (alle 2–3 Tage) kräftig zu gießen, als ihnen tägliche Minigaben zu verabreichen. Darüber hinaus sollte man nie während der heißen Mittagstunden, sondern am Morgen beziehungsweise am Abend gießen, weil die Sonne dann weniger Kraft hat. Gelangen dagegen während der heißen Mittagsstunden Wassertropfen auf die Blätter, wirken diese wie kleine Prismen. Sie bündeln die Sonnenstrahlen und verursachen Verbrennungen auf den Blättern der Pflanzen.

Nach dem Einpflanzen von neu erworbenen Kräutern vergessen manche Gartenfreunde das **Angießen**. Durch Angießen und das vorherige Wässern der Wurzelballen erreicht man mehrere positive Effekte. So erhalten die Pflanzen beim Umsetzen, (welches für sie eine Belastung darstellt) eine ausreichende Startversorgung mit Wasser. Des Weiteren sorgt das Angießen dafür, dass keine größeren Hohlräume im Boden zurückbleiben und die zarten Wurzelhaare nicht in der „Luft hängen“, sondern sofort Kontakt zu dem umgebenden Erdreich bekommen. In diesem können sie sich schneller verankern und mit der Aufnahme von weiterem Wasser und Nährstoffen beginnen.

Hacken ist wichtig, um hohe Erträge zu erzielen.

Vorzugsweise sollte man am Morgen oder frühen Abend gießen.

ALLES ZU SEINER ZEIT

Der Anbau von Kräutern kann durch Aussäen und bei Stauden auch durch Teilung des Wurzelballens beziehungsweise des Rhizoms erfolgen. Der richtige Zeitpunkt zum Aussähen ist auf den Saatpäckchen angegeben. In den meisten Fällen wird dort zudem darauf hingewiesen, wie groß die Abstände zwischen den Reihen sowie den einzelnen Pflanzen sein sollten. Fehlen derartige Hinweise, ist es ratsam, die Abstände zwischen den Reihen so zu bemessen, dass man später die Kulturen problemlos hacken kann. Der Fachhandel bietet auch sogenannte Saatscheiben und Saatbänder an, die Saatgut enthalten. Der Vorteil dieser Scheiben und Bänder besteht darin, dass die Abstände zwischen den einzelnen Saatkörnern optimal gestaltet sind und ein späteres Vereinzeln kaum notwendig wird. Zu den Nachteilen gehören die relativ hohen Preise. Außerdem entstehen zwischen den Pflanzen oft relativ große Lücken, falls mehrere Saatkörner „taub" sind. Bei frostempfindlichen Arten, wie beispielsweise Strauchbasilikum, ist darauf zu achten, dass diese erst nach den sogenannten **Eisheiligen (um den 15. Mai)** ausgesät beziehungsweise ins Freiland gesetzt werden.

Stauden teilt und verpflanzt man am besten im **Herbst,** sobald ihre Blätter komplett abgestorben sind. Sie können dann im Winter ihre Kräfte sammeln, um im Frühjahr wieder kräftig auszuschlagen. Notfalls ist auch ein Umpflanzen/Teilen im zeitigen Frühjahr möglich. Dieses sollte möglichst noch vor dem Ausschlagen erfolgen, weil die Pflanzen viel Kraft für das Blattwachstum benötigen.

Das Pflanzen, Säen und Stecken sollte zu dem für die jeweilige Art günstigsten Zeitpunkt erfolgen.

GUT ZU WISSEN

Bei dem Begriff **Staude** handelt es sich um keinen botanischen, sondern einen rein gärtnerischen Begriff, der für mehrjährige krautige Pflanzen verwendet wird.

Strauchbasilikum sollte man nach dem 15. Mai ins Freiland setzen.

FRUCHTFOLGEN UND NACHBARN

Um beim Kräuteranbau optimale Erträge zu erzielen, ist es ratsam, die Gratisfaktoren zu nutzen, welche die Natur bietet. Dies schont den Boden und hilft der Umwelt, da oft weniger Dünge- und chemische Schädlingsbekämpfungsmittel nötig sind.

ABWECHSLUNG SCHAFFT FREUDE

Nicht nur beim Gemüse-, sondern auch beim Kräuteranbau ist es wichtig, im Verlauf der Jahre auf **abwechslungsreiche Fruchtfolgen** zu achten. So sollten in zwei oder gar drei aufeinanderfolgenden Jahren nicht an einem Standort Pflanzen der gleichen Familie (beispielsweise Kreuzblütler) oder gar der gleichen Gattung kultiviert werden.

Phacelia ist eine Pflanze, die sich gut als Gründünger eignet.

Dadurch erreicht man, dass sich weniger Krankheiten und Schädlinge ansiedeln beziehungsweise ausbreiten. Oftmals werden nämlich Kräuter einer Familie von denselben Krankheiten und Schädlingen befallen, welche sich während der kalten Jahreszeit gern im Boden einnisten oder an abgestorbenen Pflanzenteilen überwintern. Außerdem geben viele Pflanzen über ihre Wurzeln Substanzen an den Boden ab, die auf das Wachstum verwandter Arten hemmend wirken. Letztlich ähneln sich bei eng verwandten Arten die Nährstoffansprüche, was dazu führen kann, dass einige chemische Elemente, beispielsweise Kalzium, Eisen und Bor, in überdimensional großen Mengen aufgenommen werden und dadurch die Bodenqualität besonders schnell abnimmt.

GRÜNDÜNGUNG ALS ZWISCHENFRUCHT

Unter Nutzpflanzen gibt es Arten, die sehr große Mengen an Nährstoffen benötigen, welche sie dem Boden ungehemmt entziehen. Zu diesen Arten gehören unter anderem Rotkohl, Kartoffeln, Gurken und Kürbisse. Es versteht sich fast von selbst, dass man auf Beeten, auf denen solche Pflanzen standen, im Folgejahr keine Kräuterkulturen ohne **vorherige Düngung** anlegt (es sei denn, es handelt sich dabei um Arten mit einem nur minimalen Nährstoffbedarf). In diesem Zusammenhang hat sich vor dem Kultivieren der Kräuter eine sogenannte Gründüngung bewährt. Hierzu eignen sich beispielsweise Ackersenf, Phacelia (auch als Büschelschön bekannt) sowie Erbsen und Bohnen. Von den beiden letztgenannten Arten kann man sogar noch die Früchte ernten. Diese Pflanzen arbeitet man im grünen Zustand in den Boden ein, wo eine schnelle Zersetzung stattfindet und die Humusbildung gefördert wird.

RÜCKSICHT AUF DIE SCHWACHEN

Bei der Kultivierung von unterschiedlichen Kräutern auf sehr engem Raum, beispielsweise in einer Kräuterspirale, sollten die stark wüchsigen nicht neben schwächer wüchsigen Arten platziert werden (wie etwa Liebstöckel oder Borretsch neben Basilikum oder Mooskrauser Petersilie). Gegen den **Konkurrenzdruck** der stark wüchsigen Arten kommen schwach wüchsige kaum an, weshalb sie zu kümmern beginnen oder gar überwuchert werden.

GEGEN UNERWÜNSCHTE BESUCHER

Niemand ist erfreut, wenn seine mühsam aufgezogenen Kräuter von Parasiten oder Krankheiten befallen werden und somit die geplante Ernte in Gefahr gerät. Gegen viele Schädlinge kann man aber sowohl prophylaktisch als auch direkt mit biologischen Bekämpfungsmaßnahmen vorgehen.

HERZLICH WILLKOMMEN, LIEBE VÖGEL, IGEL UND INSEKTEN!

Zu den prophylaktischen Maßnahmen gehört unter anderem die Gestaltung eines vogel- und igelfreundlichen Gartens. Hierzu ist es wichtig, **Brut- und Versteckplätze,** beispielsweise in Form von Bäumen und Hecken, anzubieten. Des Weiteren sollte eine **Tränkmöglichkeit** nicht fehlen – denn Wasser zieht viele Tiere fast magisch an. Sowohl Igel als auch Singvögel vertilgen zahlreiche Schädlinge, die unter anderem auch den Kräutern zu schaffen machen, wie etwa Schnecken, Blattläuse und Kohlweißlinge. So tut man nicht nur seinen Kräutern, sondern auch der Natur etwas Gutes.

Igel helfen bei der biologischen Schädlingsbekämpfung.

Darüber hinaus empfiehlt sich das Aufstellen eines **Insektenhotels,** in welchem zahlreiche Nützlinge, wie beispielsweise Florfliegen, Nist- und Überwinterungsplätze finden. Damit das Insektenhotel im Winter nicht von Vögeln leer geräumt wird, kann man während dieser Zeit ein Vogelschutznetz darüberspannen, welches im Frühjahr wieder entfernt wird.

BIOLOGISCH UND WIRKUNGSVOLL: BRENNNESSELJAUCHE GEGEN BLATTLAUS-BEFALL

Blattläuse, die an vielen Kräutern parasitieren, lassen sich mit Brennnesseljauche bekämpfen. Um einen sicheren Erfolg zu gewährleisten, muss die Anwendung einige Male in Abständen von jeweils 3 bis 5 Tagen wiederholt werden.

In Insektenhotels finden viele Nützlinge Unterschlupf.

HERSTELLUNG VON BRENNNESSELJAUCHE

Für 30 l Jauche benötigt man etwa **4 bis 5 kg frische Brennnesseln.** Diese zerkleinert man grob und gibt sie in einen großen Behälter, beispielsweise eine saubere Mörtelwanne. Nach dem Hinzugießen des Wassers muss der Ansatz **mindestens 5 Tage** an einem sonnigen Platz stehen. Während dieser Zeit entwickelt er sich zu einer nicht sonderlich angenehm riechenden Jauche, aus der man vor dem Versprühen beziehungsweise Vergießen noch die teilverrotteten Brennnesselstücke entfernen muss. Dazu spannt man ein Stück Sackleinen, das als Filter fungiert, über einen Eimer und gießt die Jauche hindurch.

Alternativ lassen sich für Jauchen die Blätter von Adlerfarn, Rhabarber, Lavendel und Rainfarn nutzen. Dazu übergießt man 1 kg dieser Pflanzen mit 10 l Wasser und lässt den Ansatz ebenfalls 5 Tage reifen.

Rainfarn eignet sich ebenfalls für eine Pflanzenjauche.

AUF EINE GUTE NACHBARSCHAFT!

Wenn man Gemüse- und Kräuterarten sinnvoll miteinander kombiniert, lassen sich oftmals sowohl das Risiko von Krankheiten als auch ein Befall durch Pflanzenschädlinge eindämmen oder sogar vermeiden. Grund hierfür ist beispielsweise, dass die Blüten und Blätter vieler Duftpflanzen Substanzen absondern, welche von zahlreichen tierischen Schädlingen als unangenehm empfunden werden. Sie meiden deshalb die Nähe solcher Kulturen. Außerdem können bestimmte Kräuterarten das Wachstum ihrer Nachbargemüsesorten verbessern. So fördert Dill zum Beispiel die Keimfähigkeit von Bohnen und Karotten. Zudem können Kräuter den Geschmack von Gemüse intensivieren. Aus diesem Grund wird neben Kartoffeln gerne Dill oder Lavendel gepflanzt.

Bohnenkraut hält die Schwarze Bohnenlaus von Bohnen fern.

Kräuter	Nachbarn	Wirkung
Knoblauch und Speisezwiebeln	Möhren	Hält die Möhrenfliege fern
Bohnenkraut	Bohnen	Hält die Schwarze Bohnenlaus fern und ist förderlich für das Wachstum und die Aromabildung der Bohnen
Basilikum	Tomaten und Kohl	Gegen Befall durch Mehltaupilze und Weiße Fliegen
Rattenschwanzwürze	Lauch	Gegen Lauchmottenlarven
Dill	Bohnen, Karotten, Randen, Kohl	Fördert Keimfähigkeit und vertreibt diverse Schädlinge
Kapuzinerkresse	Tomaten	Gegen Läuse
Kerbel	Salat	Gegen Läuse
Lavendel	Als Beeteinfassung	Vertreibt Ameisen und lockt bestäubende Insekten an
Petersilie	Radieschen, Tomaten, Zwiebeln	Vertreibt diverse Schädlinge
Ringelblume	Kartoffeln, Kohl	Gegen Nematoden, Kohlweißling und Schadinsekten
Rosmarin	Karotten, Kohl	Gegen Kohlweißling und Schadinsekten
Salbei	Fenchel, Karotten, Tomaten	Gegen Kohlweißling
Schnittlauch	Kohl, Karotten, Tomaten	Allgemein begünstigend
Tagetes	Tomaten, Kohl, Kartoffeln, Erdbeeren	Gegen Nematoden, Viren, Weiße Fliege
Zwiebel	Erdbeeren und Karotten	Gegen Pilzkrankheiten, Spinnmilben und Möhrenfliege

KRÄUTER ANBAUEN

PLATZ FÜR KRÄUTER IST ÜBERALL

Wer selbst Kräuter kultivieren möchte, findet dafür garantiert eine Fläche. Sogar in der kleinsten Wohnung lässt sich ein Platz auf der Fensterbank einrichten. Ebenso bieten Balkone, Loggien und Terrassen wunderbare Standorte für einen Minikräutergarten.

KRÄUTER AUF KLEINEN FLÄCHEN

Für alle, die nur einen sehr kleinen Garten zur Verfügung haben, bestehen oft mehrere Möglichkeiten, Kräuter auf freien Flächen anzubauen, die bisher vielleicht gar nicht als Platzreserven angesehen wurden. Hierzu zwei Beispiele:

1. Man sollte überlegen, ob die **Wege** zwischen den Beeten von zwei Seiten begehbar sein müssen. Oftmals genügt es, die Wege sackgassenartig anzulegen und dadurch an den Enden jeweils 0,1 m^2 Fläche zu gewinnen. Jede dieser dazugewonnenen Flächen eignet sich hervorragend zum Anbau von Kräutern, wie beispielsweise Liebstöckel-Busch, Schnittlauch oder Bohnenkraut.

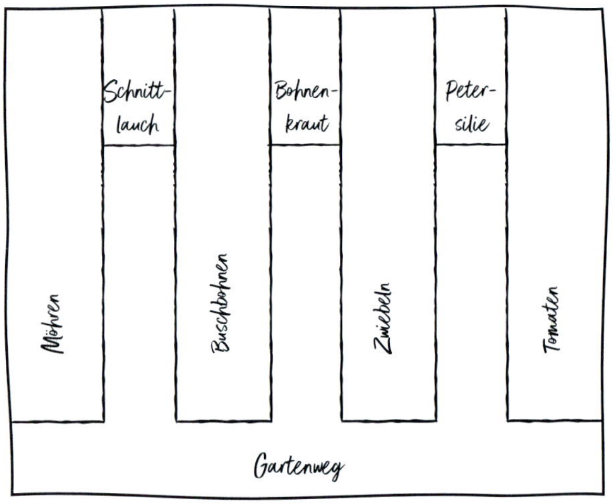

Flächen an den Enden der Wege lassen sich als Minikräuterbeete nutzen.

2. Auf zahlreichen Gemüsebeeten ist ein nicht genutzter, 5–10 cm breiter **Randstreifen** vorhanden. Darauf lassen sich rabattenartig Küchenzwiebeln kultivieren, ohne dass dafür ein zusätzliches Beet erforderlich wird.

Schema eines Möhrenbeetes mit einer Zwiebelrabatte

EIN KRÄUTERPARADIES AUF DER FENSTERBANK UND DEM BALKON

Ein kleiner Kräuterbestand auf der Fensterbank oder dem Balkon ist nicht nur zweckmäßig, sondern hat auch seinen ganz besonderen Charme. Man hat stets die erforderlichen Mengen an frischen Kräutern zur Verfügung und gleichzeitig ist ein gut **gepflegter Kräuterbestand** auch ein toller Blickfang. Ganz nebenbei tragen die Kräuter durch das über ihre Blätter in Kleinstmengen verdunstende Wasser zu einer Verbesserung der Luftfeuchte und damit des Raumklimas bei. Für einen Minigarten eignen sich nach Süden, Südosten und Südwesten ausgerichtete Fenster am besten, weil die Kräuter dort die meiste Sonneneinstrahlung erhalten. Dagegen sollten Nordfenster nur in Ausnahmefällen als Kräuterstandorte genutzt werden. Wer auch im Winter seinen Minikräutergarten betreibt, muss darauf achten, dass die Blätter der Pflanzen nicht mit den Fensterscheiben in dauerhaftem Kontakt stehen, weil sonst oft partielle Erfrierungen entstehen.

„Kräuterbeet" auf der Fensterbank

In Töpfen und Kübeln

Auf der Fensterbank beziehungsweise auf Balkonen, Terrassen oder Loggien werden Kräuter fast immer im Container, in Form von Blumentöpfen, Kübeln und/oder Kästen gepflanzt. Weil diese zumeist aus Keramik oder Kunststoff bestehen, stellen sich viele Kräuterfans die Frage: Welche Modelle soll ich wählen? Darauf gibt es keine allgemeingültige Antwort. Nachdem die Vor- und Nachteile abgewogen wurden, muss das jeder für sich entscheiden.

Kunststoff-Gefäße sind leichter, zumeist weniger bruchgefährdet und halten die Feuchtigkeit im Erdreich besser. Dagegen haben sich **Keramik-Gefäße** als standfester und atmungsaktiver erwiesen. Sie können überschüssiges Wasser teilweise speichern und so einer eventuellen Wurzelfäulnis besser entgegenwirken.

Aber unabhängig davon, für welche Variante man sich entscheidet, sollte man das Gefäß immer möglichst groß wählen, damit es viel Erde fasst. Weil keine Verbindung zum restlichen Erdreich besteht und somit kein Mineralstoffausgleich erfolgen kann, sollte man nur qualitativ hochwertige Erde als Substrat verwenden. Diese **Erde** kann man selbst mischen oder im Fachhandel kaufen. Wer die Mischung selbst herstellt, sollte dafür 20 Teile gut verrottete Komposterde (deren pH-Wert nicht unter 6,8 liegt, ansonsten fügt man etwas pulverisierten Kalk dazu) und einen Anteil Hornspäne verwenden.

In den mit Erde gefüllten Behältern führt man eine Aussaat durch oder bestückt sie mit abgestochenen Staudenteilen. Beispielsweise stechen viele Kräuterfans im November gern einen Wurzelballen von ihrem zuvor zurückgeschnittenen Schnittlauch aus dem Garten ab und pflanzen ihn in einem großen **Blumentopf** ein. Dieser wird auf einer hellen Fensterbank (bei einer Umgebungstemperatur von 18–20 °C) platziert, wo in der Folgezeit bald frische Blätter austreiben.

Kräuteranbau in Töpfen

Ein Mini-Pool für Wasser liebende Kräuter

Es ist sogar möglich, auf der Fensterbank Kräuter zu kultivieren, die mit ihren „Füßen" ständig im Wasser stehen möchten, wie beispielsweise die oft nur als Wildkraut gesammelte Brunnenkresse. Als Ersatzbeet bietet sich ein Blumenkasten aus Kunststoff an. Falls dieser Kasten Abflusslöcher hat, kleidet man ihn mit zwei Lagen strapazierfähiger Folie (beispielsweise Teichfolie) aus. Danach füllt man von einem Gemisch, das aus **35 % gut durchgerotteter, ausgesiebter Komposterde** und **65 % grobkörnigem Sand** besteht, so viel in den Kasten, dass dieses bis etwa 10 cm unter den Rand reicht. Auf dieses Substrat werden die Brunnenkresse-Samen gegeben, die man anschließend mit einer 2–3 mm dicken Schicht Komposterde bedeckt. Danach gießt man so an, dass das Substrat sehr kräftig durchfeuchtet ist. Allerdings darf zu diesem Zeitpunkt das Wasser noch nicht über dem Bodensubstrat stehen. In der Folgezeit ist darauf zu achten, dass das Substrat dauerhaft sehr feucht bis staunass bleibt. Nachdem die jungen Brunnenkresse-Pflänzchen ausgetrieben haben und zu wachsen beginnen, hebt man den Wasserspiegel nach und nach an. Das muss jeweils in einem solchen Umfang geschehen, dass nach dem Anheben mindestens noch die „Köpfe" der Brunnenkresse aus dem Wasser ragen.

So ein **Wasserkasten** auch auf dem Balkon oder der Terrasse platziert werden. Der Fachhandel bietet für Balkone und Terrassen auch Kleinstteiche an, die sich ebenfalls als Miniwassergarten gestalten lassen. Obwohl die Brunnenkresse auch noch bei Wassertemperatur bis 30 °C gedeiht, fühlt sie sich in 10–15 °C warmen Wasser besonders wohl.

Brunnenkresse in einem Blumenkasten als Miniteich

HINWEIS

Neben Brunnenkresse eignen sich für die Randbereiche solcher Kleinstteiche weitere stark feuchtigkeitsliebende Kräuter, wie beispielsweise **Schnittlauch** und **Wasserminze (Mentha aquatica)**. Letztere hat im Unterschied zur Pfefferminze ein etwas milderes Aroma.

Etwas für Hochstapler

Eine weitere Möglichkeit zum Anordnen von Kräutern auf Balkonen, Terrassen und Loggien ist die **Kräutertreppe**. Diese besteht zumeist aus einem Gerüst ähnlichen, nach hinten ansteigenden Unterbau, auf dem in Längsrichtung drei oder vier Bretter montiert sind. Der Vorteil einer solchen Treppe besteht darin, dass die auf den hinteren Brettern platzierten Pflanzgefäße höher stehen als jene auf den vorderen. Dadurch wird gewährleistet, dass alle Kräuter annähernd die gleiche Menge an Sonneneinstrahlung erhalten und nicht die Schatten der vorderen Kräuter die hinteren überdecken.

Alternativ kann man auch eine Europalette zu einem **Kräuter-Regal** umbauen. An der Unterseite dieser Palette befinden sich 9 Holzklötze, von denen jeweils immer 3 von einem Brett überdeckt sind. Nachdem man die Europlatte waagerecht aufgestellt hat, ist es nur erforderlich, unter die Klötze 3 Bretter (mit ein paar eingebohrten Löchern, damit überschüssiges Gießwasser ablaufen kann) zu montieren, und schon sind drei Blumenkästen entstanden. Je nach Vorlieben kann die Palette anschließend noch abgeschliffen, angestrichen oder das Holz als Schutz gegen die Verwitterung nur mit Leinöl behandelt werden. In die einzelnen Kästen dieses Regals stellt man entweder Kräutertöpfe, oder es wird Erde eingefüllt, in der anschließend eine Aussaat erfolgt.

Europalette als Kräuterregal

VOM KRÄUTERBEET BIS ZUM KRÄUTERTEICH

Wer Kräuter im Garten anbauen möchte, hat oft die Qual der Wahl, denn es gibt eine Vielzahl von **gestalterischen Varianten.** Diese erstrecken sich vom klassischen Kräuterbeet bis zum Kräuterteich. Bei der Anordnung innerhalb des Beetes lassen sich schöne Farbeffekte erzielen, indem beispielsweise Kräuter mit grünen Blättern neben gelb- und weinrotblätterigen Exemplaren platziert werden.

Der Klassiker: das Kräuterbeet

Das ebenerdige Kräuterbeet gehört zu den ältesten gestalterischen Varianten. Es inkludiert Formen von der kleinen Kräuterecke, auf der nur zwei bis drei besonders häufig verwendete Kräuterarten angebaut werden, wie etwa Petersilie, Basilikum und Schnittlauch, bis hin zu Mischkulturen. In Mischkulturen gedeihen Kräuter häufig gemeinsam mit Gemüsepflanzen. Siehe dazu auch die Tabelle auf S. 21.

Das ebenerdige Kräuterbeet ist die ursprünglichste Form des Kräuteranbaus.

Eine noch relativ wenig praktizierte Form der Mischkultur ist der Anbau von Kräutern in Kombination mit hochstämmigen Beerensträuchern, wie etwa Johannis- und Stachelbeeren. Ein häufiger Nachteil bei der Bewirtschaftung solcher hochstämmigen Beerensträucher besteht darin, dass sich unter ihnen gern Unkraut ansiedelt. Gleichzeitig handelt es sich bei Flächen unter den Sträuchern um gärtnerisch nicht genutzten Boden. Wenn unter diesen Sträuchern Kräuter kultiviert werden, nutzt man nicht nur die Flächen effektiver, sondern kann auch der Ansiedlung von Unkraut weitgehend entgegenwirken.

Ein Kräuterbeet muss nicht zwangsläufig rechteckig sein. Vielleicht möchten Sie gern ein solches Beet als Blickfang in eine Rasenfläche integrieren. Dann bietet sich beispielsweise eine elliptische Form an, die man mithilfe der sogenannten Gärtnerkonstruktion anlegen kann.

DIE GÄRTNERKONSTRUKTION

Zwei Holzpflöcke werden im Abstand von etwa 1,5 m in den Boden eingeschlagen. Um diese Pflöcke legt man eine 4–4,5 m lange Schnur und bindet deren Enden zusammen. Dann nimmt man ein Pflanzholz (möglichst mit Metallspitze, damit lässt sich besser eine Linie in den Rasen kratzen) und fährt damit so am inneren Rand der Schnur entlang, dass dieser dabei völlig straff gespannt ist. Nach einer kompletten Umrundung der Schur ist eine Ellipse entstanden. Anschließend wird das betreffende Rasenstück mit dem Spaten ausgestochen und die Fläche mit Komposterde aufgefüllt. Danach steht der Anpflanzung/Aussaat der Kräuter nichts mehr im Wege.

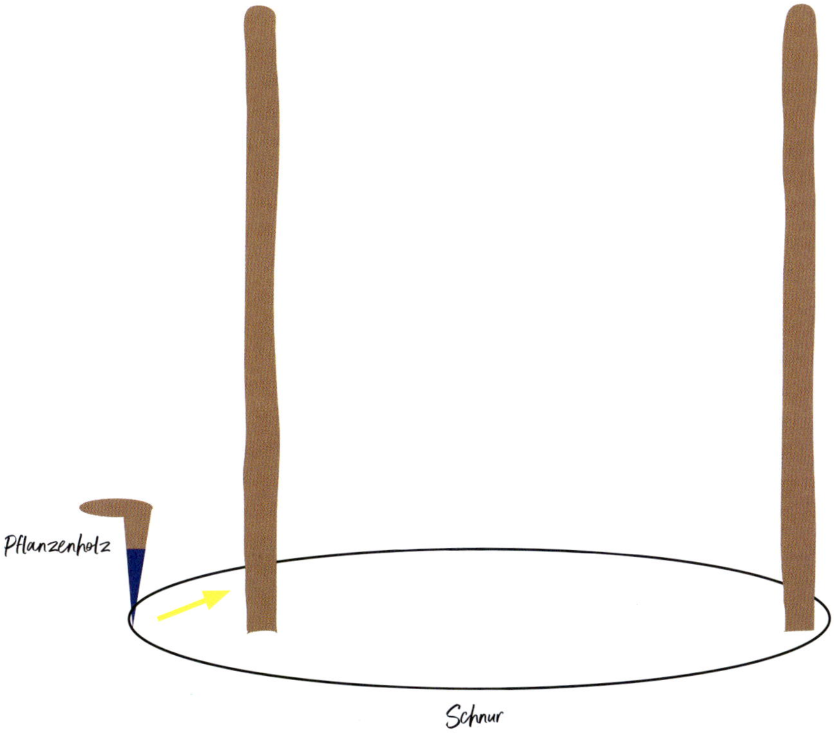

Schematische Darstellung der Gärtnerkonstruktion

Das Hochbeet

Wie der Name verrät, handelt es sich beim Hochbeet um eine gestalterische Variante, deren Oberfläche höher als der Boden liegt. Hochbeete besitzen in den meisten Fällen eine Ummantelung aus Holz, Kunststoff oder Mauerwerk und sind entweder nur mit Gartenerde oder mit unterschiedlichem, in Schichten angeordnetem organischem Material befüllt. Dabei besteht die unterste Lage meist aus grobem Baum- und Strauchschnitt. Darüber befinden sich eine Lage aus Grünabfällen sowie jeweils eine Schicht aus Garten-, Kompost- und manchmal noch aus spezieller Pflanzerde (auf Letztere wird oft zugunsten einer höheren Lage Komposterde verzichtet). Hochbeete bieten nicht nur den Vorteil, dass das Bücken bei der Gartenarbeit wegfällt, sondern sie erwärmen sich im Frühjahr auch schneller und werden seltener von Unkraut-Anflugsamen heimgesucht. Wenn zudem noch ein Schneckenzaun angebracht wurde, ist das Beet auch vor diesen unerwünschten Besuchern sicher, die gern an verschiedenen Kräutern fressen.

Indem man auf einem Hochbeet im Vorfrühling eine Glasabdeckung installiert, lässt sich dieses auch als Frühbeet nutzen. Die darunter angebauten Kräuter sind oftmals zwei bis drei Wochen früher nutzbar als vergleichbare Exemplare, die auf ebenerdigen Beeten stehen.

Tendenziell eignet sich ein Hochbeet vor allem für Kräuter, deren **Höhe maximal 40 cm** beträgt und die nicht übermäßig stark wachsen. Liebstöckel, der eine langlebige Staude ist und über 2 m hoch wird, wächst enorm üppig und sollte daher nicht in einem Hochbeet kultiviert werden.

TIPP

Ein kleines **Hochbeet** lässt sich auch auf dem Balkon oder der Terrasse bewirtschaften.

Hochbeet

Die Kräuterrabatte

Auf beiden Seiten des Gartenhauptweges bietet sich auch das Anlegen von Kräuterrabatten an. Hinsichtlich der zusammengestellten Artenvielfalt der Kräuter sind dabei kaum Grenzen gesetzt. Arten, die eine mehr oder weniger teppich- bis buschähnliche Wuchsform haben, wie etwa Bohnenkraut, Petersilie, Thymian, Gartenkresse und Basilikum, kann man dabei sogar in attraktiven geometrischen Formen, wie Kreisen und Quadraten gruppieren. Man kann die Kräuter zudem zu kleinen Ornamenten anordnen.

Damit stark wüchsige Kräuter mit ihrem großen Ausbreitungsdrang schwächer wüchsige Arten nicht beeinträchtigen, empfiehlt es sich, die stark wüchsigen in kubelartige Behälter (am besten aus Naturmaterialien) zu setzen. Diese Kübel werden so tief in den Boden eingegraben, dass ihr oberer Rand nur noch 5–7 cm aus dem Erdreich ragt. Zuvor ist es ratsam, deren Böden herauszuschneiden. Durch den dann vorhandenen Kontakt mit dem darunter befindlichen Erdreich wird eine bessere Wasserversorgung gewährleistet.

Kübelkräuter sollte man immer im Auge behalten, denn manche Arten, beispielsweise viele Minzen, neigen dazu, mit ihren Ausläufern über den Rand des Kübels zu klettern. Die Ausläufer müssen dann kräftig zurückgeschnitten werden. Langlebige Stauden sollten außerdem alle 2–4 Jahre aus ihren Kübeln genommen werden. Nicht selten besteht dann der gesamte Kübelinhalt nur noch aus einem großen Wurzelballen. Die Kübel werden anschließend mit nährstoffreicher neuer Erde befüllt und ein abgetrenntes Stück der jeweiligen Staude erneut hineingepflanzt.

Rabattenartig am Hauptweg angeordnete Kräuter

Eingekreist – das Kräuterrad

Das Kräuterrad hat eine runde Form und ist zumindest an der Oberfläche in mehrere Kleinstparzellen unterteilt. Zum Parzellieren lassen sich beispielsweise Rasenkantensteine so verlegen, dass sie an die Speichen eines Rads erinnern. Möglich ist auch, eine kreisförmige Grube auszuheben und vier oder fünf kleine Wände zu mauern. Die oberen Kanten dieser Wände sollten einige Zentimeter aus der Erde herausragen. Der Vorteil dieser Separierung durch die weitgehend unterirdischen Mauern besteht darin, dass man in jedem entstandenen Sektor eine Art pflegen kann und schwächer wüchsige Kräuter nicht dem Konkurrenzdruck von kräftiger wachsenden ausgesetzt sind.

Wer möchte, kann ein Kräuterrad auch als Hochbeet konstruieren. In diesem Fall ist es nur noch erforderlich, das Speichengerüst mit einer äußeren kreisförmigen Ummantelung zu umgeben. Besonders attraktiv wirken Ummantelungen, wenn zum Bau Natursteine verwendet werden. Falls man das Kräuterrad bevorzugt mit trockenheitsliebenden Pflanzen bestücken möchte, ist es günstig, vor dem Einfüllen der Erde eine 10 cm starke Kiesschicht als Drainage einzubauen.

DAMIT DAS RAD RUND WIRD

Damit das **Kräuterrad** tatsächlich kreisrund wird, baut man sich am besten einen einfachen Zirkel. Dazu schlägt man am gewünschten Standort einen Pflock in den Boden. Daran wird eine 1,20 m lange Schnur befestigt. Das andere Ende der Schnur bindet man an ein Pflanzholz. Nun geht man einmal mit dem Pflanzholz um den Pfahl herum und kratzt mit der Spitze eine Linie in den Boden. Dadurch, dass dabei die Schnur straff gezogen wird, entsteht ein Kreis.

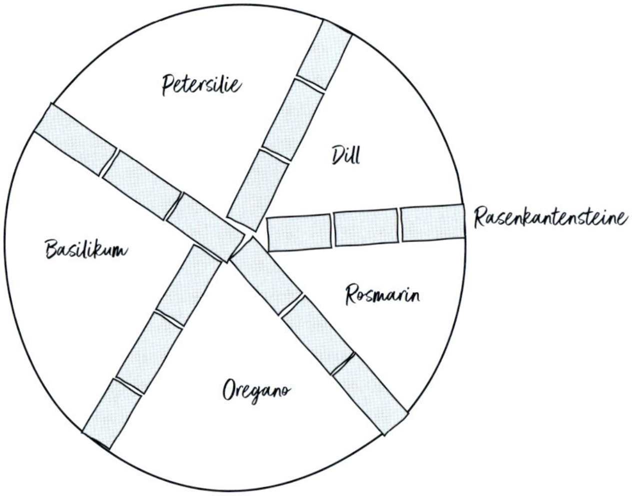

Schematische Darstellung eines parzellierten Kräuterrades

Schematische Darstellung der Konstruktion eines Kräuterrades

Das Kräutersteinbeet

Als Steinbeete werden gewöhnlich Anlagen bezeichnet, zu deren Gestaltung zahlreiche Steine und Kies verwendet wurden. Oftmals erfolgt in diesen – an vollsonnigen Stellen – platzierten Beeten die Kultivierung von sehr trockenheitsliebenden beziehungsweise -resistenten Pflanzen.

Landschaften, die in ihrer Beschaffenheit weitgehend einem Steinbeet ähneln, findet man in zahlreichen Gegenden des Mittelmeerraums sowie im Orient. Folglich bieten sich für ein Kräutersteinbeet bevorzugt Pflanzen an, die ursprünglich aus diesen Regionen stammen, wie beispielsweise Thymian, Zitronenmelisse, Majoran, Oregano, Bohnenkraut, Salbei und Rosmarin. Da viele dieser Kräuter kalkliebend sind, ist es ratsam, zumindest einige Kalksteine in das Kräutersteinbeet zu integrieren. Daraus ergibt sich der Vorteil, dass man auf eine Kalkung des Beetes weitgehend verzichten kann, weil der auftreffende Regen immer wieder winzige Partikel aus dem Kalkgestein ablöst und diese ins Erdreich spült. Dort stellen sie eine ausreichende Mineralstoffquelle für die meisten Pflanzen des Steinbeetes dar, weil es sich bei ihnen vor allem um Arten mit geringem Nährstoffbedarf handelt.

Gartensalbei gibt es mit unterschiedlich gefärbten Blättern.

Kräutersteinbeet

Kräuterspirale

Die Kräuterspirale ist eine Beetform, die in der Regel aus Natursteinen besteht und zur Mitte schneckenhausförmig ansteigt. Entweder wird dafür eine spiralförmige Wand mit entsprechenden Zwischenräumen gemauert, oder man schichtet die Steine ohne Verwendung von Mörtel auf. In Abhängigkeit davon, mit welchen Kräutern die Spirale bepflanzt werden soll, kann es – ähnlich wie beim Kräuterrad – von Vorteil sein, vor dem Befüllen mit Erde eine Kiesschicht als Drainage einzubauen. Im Vergleich zum Kräuterrad erweist sich ein Nachteil der Spirale mitunter im schneckenhausförmigen Anstieg, denn dadurch erhalten immer einige Bereiche weniger Sonneneinstrahlung. Allerdings kann man dies auch als Vorteil zu nutzen, indem die betroffenen Bereiche mit Kräutern bestückt werden, die auch im Halbschatten gut gedeihen, wie etwa Koriander und Estragon.

Kräuterhügel

Im Unterschied zur Kräuterspirale wird beim Kräuterhügel gewöhnlich nur der Fuß mit einer Reihe aus Natursteinen eingefasst. Zur Mitte hin steigen Kräuterhügel mehr oder weniger stark an. Beim Anlegen eines solchen Hügels hat man die Wahl zwischen zwei Varianten: Entweder häuft man schlichtweg Gartenerde an, oder man gestaltet den Aufbau des Hügels schichtweise. Der schichtartige Aufbau gleicht weitgehend dem des Hochbeetes. Der wesentliche Unterschied besteht darin, dass die einzelnen Lagen nicht horizontal, sondern kegelförmig auf den anfangs (ebenfalls kegelförmig) aufgeschichteten Kern aus Baum- und Strauchschnitt geschaufelt werden. Grundsätzlich sollte die Basis von Hügelbeeten mit einer Drainage aus Kieselsteinen versehen werden. Das gibt den einzelnen Schichten mehr Halt und verhindert, dass sie nach unten hin abrutschen.

Kräuterspirale

Der Kräuterteich

Einen Kräuterteich entweder neu anlegen oder es wird ein bereits vorhandener Gartenteich umfunktioniert. Letzterer muss nicht zwangsläufig seiner bisherigen Funktion komplett enthoben werden. Stattdessen genügt es, beispielsweise einen Abschnitt als „Kräuterbereich" umzugestalten. Zu den Kräutern, die sich in der Flachwasserregion des Teichs platzieren lassen, gehört die schon erwähnte Brunnenkresse. Für feuchte Uferabschnitte eignen sich unter anderem Schnittlauch, Bärlauch, Meerrettich und Staudensellerie. Vielleicht möchten Sie dieses Pflanzen-Repertoire noch durch ein paar Wildkräuter wie Sauerampfer, Mädesüß und Blutweiderich komplettieren. Diese Pflanzen sind oft in Zoo- und Baumärkten erhältlich. Alternativ zum Teich lässt sich auch ein Kräuterbach oder ein kleiner feuchter Graben anlegen, an/in dem man die entsprechenden Kräuter platziert.

Anlegen eines Kräutergrabens

ANLEGEN EINES WASSERFÜHRENDEN KRÄUTERGRABENS

Vom Grundprinzip lässt sich ein Kräutergraben ähnlich wie ein Teich anlegen. Dazu schachtet man eine längliche Grube aus, die je nach Vorlieben auch einen schlängelnden Verlauf haben kann. Alle größeren und vor allem scharfkantigen Steine sowie sperrige Wurzeln sind dabei zu entfernen. Danach werden die Sohle sowie die Seitenwände, die höchstens einen Neigungswinkel von 30 Grad haben sollten, mit einer Schaufel oder einem Spaten grob geglättet. Anschließend gibt man eine etwa 4–5 cm starke Schicht aus fein gesiebtem Sand auf die Sohle sowie die Seitenwände und legt ein Teichvlies darauf, über welches noch eine Teichfolie (am besten doppelt, das erhöht zumeist die Lebensdauer) gedeckt wird. Das Teichvlies trägt dazu bei, die Feuchtigkeit an den äußeren Seitenwänden des Grabens festzuhalten, wodurch den an den Uferbereichen platzierten Pflanzen gute Wachstumsbedingungen geboten werden. Zum Schluss füllt man den Graben mit Wasser. In der Folgezeit ist darauf zu achten, dass durch Verdunstung verloren gegangenes Wasser regelmäßig aufgefüllt wird.

KRÄUTER ERNTEN

AM BESTEN FRISCH

Selbstverständlich kann man sich für das Winterhalbjahr einen Kräutervorrat zulegen. Aber solange eine Ernte im Garten oder ein Sammeln von Kräutern in der Natur möglich ist, sind frische Kräuter natürlich zu bevorzugen. Den Erntezeitpunkt wählt man so, dass die Blätter beziehungsweise Blüten geschmacklich voll entfaltet sind.

DER RICHTIGE ERNTEZEITPUNKT

Bei vielen Kräutern welken nicht alle Blätter gleichzeitig. Im Gegenteil: Während manche bereits zu welken beginnen, gelangen andere mitunter erst zur vollen Entfaltung.

Das Ernten von Früchten erfolgt vorzugsweise, sobald diese reif, aber nicht überreif sind. Während der Sommermonate ist es am sinnvollsten, Blüten und/oder Blätter am **Morgen** zu sammeln. Da die Pflanzen in den kühleren Nachtstunden zumeist viel Wasser aufgenommen haben, sind sie dann besonders saftig. Außerdem liegen die Temperaturen zu diesem Zeitpunkt noch im erträglichen Bereich, sodass das Pflücken mehr Spaß macht und das Sammelgut langsamer austrocknet. Die biochemischen Prozesse in den Kräutern laufen auch nach dem Pflücken weiter ab, aber bei kühleren Temperaturen erfolgt das entsprechend der Van-'t-Hoffschen-Regel (S. 13) langsamer. Daraus ergibt sich der Vorteil, dass weniger wertvolle Substanzen aus den Pflanzen verloren gehen.

Als **Sammelbehälter** eignen sich flache Obststiegen aus Holz sowie Körbe aus natürlichen Materialen, wie etwa aus Weidenruten. Darin kann die Luft zwischen dem Sammelgut bestens zirkulieren. Gleichzeitig werden die Kräuter nicht so stark zusammengedrückt wie in einem Stoffbeutel. Plastiktüten sind hingegen ungeeignet, weil die Kräuter darin schnell zu schwitzen beginnen. Beim Ernten sollte man die Kräuter mit einem scharfen Messer oder einer Schere abschneiden. Dabei kann man dichte Bestände im Garten gleich etwas ausdünnen, was sich positiv auf das Wachstum auswirkt.

Trotz eingesetztem Welken lassen sich noch frische Blätter des Liebstöckels ernten.

Schafgarbe wirkt unter anderem blutreinigend und wundheilend.

KURZE WEGE UND RICHTIG KONSERVIEREN

Unabhängig davon, ob man Kräuter frisch verarbeiten oder in irgendeiner Form konservieren möchte, ist es immer von Vorteil, wenn diese zuvor nicht längere Zeit transportiert wurden. So behalten sie lange ihren aromatischen Geschmack. Es gibt verschiedene Möglichkeiten, frische Kräuter haltbar zu machen. So hat man auch in den Wintermonaten einen Kräutervorrat.

TROCKNEN

Eine bei Kräutern häufig praktizierte Konservierungsmethode ist die Trocknung. Dazu bindet man langstängelige Pflanzen nach der Ernte büschelweise zusammen und hängt sie so an eine Leine, damit sie an der Luft trocknen können. Allerdings sollte beim Trocknungsprozess keine direkte Sonneneinstrahlung auf die zu trocknenden Kräuter treffen.

Kräuter lassen sich büschelweise zusammengebunden trocknen.

Bei Blüten sowie kurzstängeligem Trocknungsgut bietet es sich an, dieses als dünne Schicht auf einem Gazerahmen auszubreiten, der über zwei Sägeböcke gelegt wird. Auf diese Weise kann die Luft von allen Seiten an die Pflanzenteile gelangen, wodurch der Trocknungsprozess beschleunigt wird. Am besten trocknen Kräuter, wenn ständig ein leichter Luftzug das Trocknungsgut umstreicht. Dieser darf selbstverständlich nicht so stark sein, dass die Kräuter weggeweht werden.

Nach dem Trocknungsprozess füllt man die Kräuter am besten in ein Glas mit Schraubverschluss. Dadurch verhindert man, dass Ungeziefer daran herumnagt oder gar seine Eier darin ablegt. Außerdem bleibt das Aroma der Kräuter in einem geschlossenen Glas länger erhalten. Die Gläser deponiert man am besten in einem kühlen, trockenen Raum, in dem sie keiner direkten Sonneneinstrahlung ausgesetzt sind.

Frische Kräuter kann man auch auf einem Gazerahmen trocknen.

EINSALZEN

In früheren Zeiten wurden Nahrungsmittel wesentlich häufiger eingesalzt als heute. Vielerorts ist diese Konservierungsmethode sogar gänzlich in Vergessenheit geraten, obwohl sie ebenfalls Vorteile birgt. So ist beispielsweise jederzeit eine Entnahme von exakt benötigten Mengen möglich. Besonders geeignet ist diese Methode zum Haltbarmachen von Suppenkräutern, wie etwa Liebstöckel oder Sellerieblättern. Zu diesem Zweck hackt man die zuvor gewaschenen Kräuter mit einem Wiegemesser. Anschließend füllt man davon eine etwa 2 cm dicke Schicht in ein verschließbares Glas und streut einen gestrichenen Teelöffel Kochsalz darüber. Darauf gibt man die nächste, 2 cm dicke Kräuterschicht und streut erneut einen Teelöffel Salz darüber. Das Ganze wiederholt man so lange, bis etwa noch 3 cm zur Komplettfüllung des Glases fehlen. Dann verschließt man das Glas, schüttelt den Inhalt mehrmals kräftig durch und stellt es in das Gemüsefach des Kühlschranks. Dort kann es problemlos bis zu einem Dreivierteljahr verbleiben. Bei der Verwendung eingesalzter Kräuter dürfen die Gerichte allerdings nicht schon im Vorfeld gesalzen werden.

TIPP

Eingesalzte Sellerieblätter lassen sich bis zu einem Dreivierteljahr im Kühlschrank aufbewahren.

EINFRIEREN

Auch das portionsweise Einfrieren von zuvor klein gehackten Kräutern (welches sich übrigens nicht nur mit Würz-, sondern auch Teekräutern, wie etwa Pfefferminze, praktizieren lässt) ist sehr beliebt. Der Vorteil dieser Methode liegt darin, dass die Kräuter nach dem Auftauen noch sehr frisch sind. Wichtig ist, dass der Einfriervorgang sehr schnell erfolgt, denn dabei laufen in den Pflanzenteilen ebenfalls noch biochemische Prozesse ab, die es zu stoppen gilt. Außerdem sollte man vorher die Kräuter durch Abtupfen gut abtrocknen, damit möglichst wenig Wasser mit eingefroren wird.

KRÄUTERTEES

Ob Lindenblüten, Kamille, Salbei oder Pfefferminz – Es gibt viele Kräuter, die sich optimal zur Zubereitung leckerer Kräutertees eignen.

AUFGUSS ODER TEE?

Exakt betrachtet existiert nur ein Getränk, für das die Bezeichung „Tee" zutrifft, nämlich der Echte Tee. Dieser wird aus den Blättern des Teestrauchs, Camellia sinensis, zubereitet und kann auf eine etwa 5000-jährige Geschichte zurückblicken.

Genau genommen, wird nur ein Getränk aus den Blättern des Teestrauches als Tee bezeichnet.

Damals begannen die alten Chinesen, die Blätter des Teestrauchs in Wasser zu kochen. Nach ein paar Minuten entfernten sie diese und tranken die heiße Flüssigkeit – womit die Vorläufer des heutigen Grünen Tees geboren waren. Der Unterschied zum Schwarzen Tee (in Ostasien als Roter Tee bezeichnet) besteht darin, dass die Blätter des Grünen Tees nicht fermentiert werden. Grüner Tee gelangte erstmalig vor rund 500 Jahren auf dem Seeweg von Asien nach Europa. Danach dauerte es weitere 300 Jahre, bis der erste Schwarze Tee nach Europa importiert wurde und sich Großbritannien in der Folgezeit zu einer regelrechten Teenation entwickelte. Später begann man, Schwarzen Tee zu verfeinern, indem er beispielsweise mit Duftpflanzen gemischt wurde.

Bei sämtlichen anderen, nicht aus den Blättern des Teestrauchs hergestellten „Tees" handelt es sich, streng genommen, um **Aufgüsse.** Im deutschen Sprachraum hat sich in den zurückliegenden 150–200 Jahren für derartige Aufgüsse aber der Begriff „Tee" so fest etabliert, dass ich ihn in diesem Buch weiterhin verwende.

DIE BESTEN KRÄUTERTEES

In Abhängigkeit von der jeweiligen Pflanze lassen sich entweder nur einzelne oder mehrere Teile zur Zubereitung von Kräuter- und Früchtetees nutzen.

In der folgenden Tabelle sind die Teile (mit Beispielpflanzen) zusammengestellt, die zur Teezubereitung dienen können.

Pflanzenteile	Beispielpflanzen
Blüten	Linde, Huflattich, Kamille
Früchte	Hundsrose (Hagebutten), Wacholder
Wurzeln	Große Klette, Petersilie, Ingwer
Rinde	Eiche, Zimt
Samen	Fenchel, Kümmel
Blätter	Salbei, Pfefferminze

Neben **Ein-Komponenten-Tees** erfreuen sich auch **Mehr-Komponenten-Tees** als Durstlöscher sowie für Genießeraugenblicke großer Beliebtheit. Ein besonders leckerer Zweikompenten-Tee ist beispielsweise eine Mischung aus Pfefferminze, Zitronenmelisse und Kraut der Unsterblichkeit.

TIPP

Nehmen Sie sich für den Genuss Ihres Tees ruhig Zeit. So können Sie ihn in kleinen Schlucken trinken und dabei sein gesamtes Aroma in vollen Zügen auskosten.

Ein Kräutertee aus eigenem Anbau schmeckt immer noch am besten.

LIEBLINGS-GARTEN-KRÄUTER

ANIS (PIMPINELLA ANISUM)

FAMILIE: DOLDENBLÜTLER, APIACEAE

- einjährig
- Standort: sonnig, frisch
- Nährstoffbedarf: mittel
- Erntezeit: August–September
- Wuchsintensität: mittel

Besonderheiten: Der weiß blühende Anis mag kalkhaltige Böden. Er stammt ursprünglich aus dem Orient und erfreute sich bereits in der Antike hoher Wertschätzung. Das Sammelgut sind die Früchte (Samen). Für eine längere Lagerzeit müssen sie gut getrocknet sein. Als Basis für Tee ist es ratsam, die Samen zuvor im Mörser zu zerstoßen.

Wirkung: antibakteriell, entspannend, harntreibend, krampflösend, schleimlösend

Verwendung: Tee- und Teemischungen, (Weihnachts-)Gebäck, Brot, Suppen, Salate, Soßen, Ansatzschnäpse

Doppelgänger: Kümmel

BÄRLAUCH (ALLIUM URSINUM)

FAMILIE: AMARYLLISGEWÄCHSE, AMARYLLIDACEAE

- mehrjährig
- Standort: halb- bis vollschattig, feucht
- Nährstoffbedarf: mittel
- Erntezeit: Ende März–Ende April
- Wuchsintensität mittel

Besonderheiten: Die Kulturform entspricht weitgehend der Wildform. Bärlauch verströmt sehr intensiven Knoblauchgeruch. Bei Beachtung dieses Geruchs ist eine Verwechslung mit anderen Pflanzen nahezu unmöglich. Als Standort im Garten bieten sich freie Flächen unter winterkahlen Gehölzen, wie unter einem Schlitzahorn, an, deren Laub erst Ende April sprießt. Es werden vor allem die Blätter geerntet. Zudem sind auch die Zwiebeln, die Blütenknospen (als Bärlauch-Kapern eingelegt) und die Blüten (eignen sich zum Garnieren) zum Verzehr geeignet.

Verwendung: Dip-Soßen, Suppen, Salaten und Pestos

Doppelgänger: Maiglöckchen, Herbstzeitlose (Achtung: beide sind giftig)

BASILIKUM (OCIMUM BASILICUM)

FAMILIE: LIPPENBLÜTLER, LAMIACEAE

- einjährig
- Standort: sonnig, frisch
- Nährstoffbedarf: mittel
- Erntezeit: Juni–August
- Wuchsintensität: schwach–mittel

Besonderheiten: Basilikum, auch Basilienkraut oder Königskraut genant, besitzt eine hohe Würzkraft. Weil es sehr frostempfindlich ist, sollte eine Freilandaussaat erst kurz vor dem 15. Mai erfolgen. Im Haus gedeiht es gern im Topf auf der Fensterbank. Neben grünblättrigen gibt es auch rotviolette Sorten, die krautig sind oder verholzen (Letztere werden Strauchbasilikum genannt).

Wirkung: antibakteriell, beruhigend, harntreibend, krampflösend sowie schleimlösend

Verwendung: Tomaten- und Nudelgerichte, Eierspeisen, Salate, Fisch- und Fleischgerichte, Kräuteressig und -öl

BERGBOHNENKRAUT (SATUREJA MONTANA)

FAMILIE: LIPPENBLÜTLER, LAMIACEAE

- mehrjährig
- Standort: sonnig, trocken
- Nährstoffbedarf: gering–mittel
- Erntezeit: Mai–September
- Wuchsintensität: schwach–mittel

Besonderheiten: Bergbohnenkraut ist ein immergrüner Halbstrauch.

Wirkung: Lindernd bei Magen- und Leberbeschwerden

Verwendung: Bohnen-, Wild- und Lammgerichte, Kräuteressig und -öl

Doppelgänger: Eigenschaften und Verwendungsmöglichkeiten gleichen weitgehend dem optisch ähnlichen Bohnenkraut, Satureja hortensis. Bei diesem handelt es sich um ein einjähriges, frostempfindliches Kraut, das erst nach dem 15. Mai ins Freiland sollte. Aufgrund dieser Empfindlichkeit favorisieren viele Kleingärtner die Kultivierung des Bergbohnenkrauts.

BORRETSCH (BORAGO OFFICINALIS)

FAMILIE: RAUBLATTGEWÄCHSE, BORAGINACEAE

- einjährig
- Standort: sonnig, frisch
- Nährstoffbedarf: mittel–hoch
- Erntezeit: Juni–August
- Wuchsintensität: hoch

Besonderheiten: Der oft auch als Gurkenkraut bezeichnete, sehr robuste Borretsch ist reich an Vitamin C. Wenn man ein paar Exemplare Samen ausbilden lässt, sät sich diese Pflanze normalerweise immer wieder von selbst aus. Wie es die Familienbezeichnung bereits erahnen lässt, fühlen sich die Blattoberflächen des Borretschs rau bis fast stachlig an.

Wirkung: antirheumatisch, blutreinigend, stoffwechselanregend, hautreinigend, reduziert Seitenstechen, hilft bei Husten sowie Nierenbeschwerden

Verwendung: Zubereitung von spinatähnlichem Gemüse, Salaten, Kräuterquark, Einlegen von Gurken

BROMBEERE (RUBUS FRUCTICOSUS)

FAMILIE: ROSENGEWÄCHSE, ROSACEAE

- mehrjährig
- Standort: sonnig–halbschattig, frisch–feucht
- Nährstoffbedarf: hoch
- Erntezeit: Mai–Juli
- Wuchsintensität: hoch

Besonderheiten: Die Bezeichnung „Brombeere" leitet sich nicht, wie oft fälschlicherweise vermutet, von dem braunschwarzen Element Brom ab, sondern vom althochdeutschen „bramberi", was so viel wie „Dornengestrüpp" bedeutet. Damit wurde auf die kräftig mit Stacheln besetzten Zweige Bezug genommen. Sammelgut sind neben den Früchten die Blätter, die zu den ältesten Heilmitteln der Menschheit gehören.

Wirkung: blutreinigend, blutzuckersenkend, desinfizierend, entzündungshemmend, fiebersenkend, schleimlösend, schmerzlindernd

Verwendung: Tee und Teemischungen

Doppelgänger: Auenbrom- oder Kroatzbeere, Himbeere

BRUNNENKRESSE (NASTURTIUM OFFICINALE)

FAMILIE: KREUZBLÜTLER, BRASSICACEAE

- mehrjährig
- Standort: extrem feucht
- Nährstoffbedarf: mittel
- Erntezeit: ganzjährig
- Wuchsintensität: mittel

Besonderheiten: Die Brunnenkresse ist eine ganzjährig ausdauernde Pflanze mit hohem Vitamin C- sowie Jod- Gehalt (für Schilddrüse wichtig). Geerntet werden die Blätter, die einen bitter-scharfen Geschmack haben, der etwas an Senf erinnert. Brunnenkresse eignet sich nicht zum Trocknen, da neben dem Aroma extrem viele wertvolle Wirkstoffe reduziert werden.

Wirkung: antibakteriell, antirheumatisch, blutreinigend, blutzuckersenkend, schleimlösend, hautreinigend, entwurmend, hilft bei Bronchitis und bei Erkältung

Verwendung: Salate, Kräuterquark

Doppelgänger: Bitteres Schaumkraut (ebenfalls essbar)

DILL (ANETHUM GRAVEOLENS VAR. HORTORUM)

FAMILIE: DOLDENBLÜTLER, APIACEAE

- einjährig
- Standort: sonnig, frisch
- Nährstoffbedarf: mittel
- Erntezeit: Juli–Oktober
- Wuchsintensität: schwach–mittel

Besonderheiten: Obwohl Dill auch einige heilende Eigenschaften besitzt, gehört er primär zu den klassischen Küchenkräutern und wurde bereits in der Antike sehr gewertschätzt. Im Garten wird er zumeist in Reihen ausgesät oder breitwürfig in Gurkenbeeten verteilt.

Wirkung: Hilft bei Magen-Darm-Beschwerden, das Kauen von Dillsamen verleiht frischen Atem

Verwendung: Einlegen von Gurken, Fischgerichte, helle Soßen, Gemüsesalate und Sauerkraut, Herstellung von Kräuteressig und -öl, Garnieren von Fleisch- und Käseplatten

EBERRAUTE (ARTEMISIA ABROTANUM)

FAMILIE: KORBBLÜTLER, ASTERACEAE

- mehrjährig
- Standort: sonnig, trocken, kalkhaltig
- Nährstoffbedarf: mittel
- Erntezeit: Mai–September
- Wuchsintensität: mittel–hoch

Besonderheiten: Eberraute enthält reichlich Bitterstoffe und ist ein Halbstrauch, dessen Triebspitzen für Heilzwecke und zum Kochen verwendet werden.

Wirkung: antibakteriell, beruhigend, harntreibend, krampflösend, entwurmend, schweißtreibend, steigert allgemein die Abwehrkräfte, hilft bei Bauchspeicheldrüsenschwäche

Verwendung: Tee, Tinktur (beide nicht während der Schwangerschaft), sparsames Gewürz in fettigem Essen, die ätherischen Öle der Eberraute vertreiben Motten (dazu einige Stängel in den Kleiderschrank legen)

Doppelgänger: Wermut, Beifuß

ECHTER SALBEI (SALVIA OFFICINALIS)

FAMILIE: LIPPENBLÜTLER, LAMIACEAE

- mehrjährig
- Standort: trocken, sonnig, kalkreich
- Nährstoffbedarf: gering–mittel
- Erntezeit: Mai–Juli
- Wuchsintensität: mittel

Besonderheiten: In Mitteleuropa überstehen nur die unteren, verholzenden Teile dieses Halbstrauchs den Winter, während die oberen bei Frost erfrieren. Im Unterschied zum Echten Salbei, auch Gartensalbei genannt, eignet sich Wiesensalbei, Salvia pratensis, nicht als Heilpflanze.

Wirkung: antibakteriell, antidepressiv, antirheumatisch, blutdrucksenkend, entzündungshemmend, haarwuchsfördernd, krampflösend, schleimlösend, wundschließend

Verwendung: Tees, Füllung für Kompressen, Salben

Doppelgänger: Woll-Ziest und andere Ziest-Arten

ESTRAGON (ARTEMISIA DRACUNCULUS)

FAMILIE: KORBBLÜTLER, ASTERACEAE

- mehrjährig
- Standort: sonnig–halbschattig, frisch
- Nährstoffbedarf: mittel
- Erntezeit: Mai–August
- Wuchsintensität: mittel–hoch

Besonderheiten: Man unterscheidet zwischen dem Russischen und Deutschen Estragon. Letzterer ist aromatischer, aber auch kälteempfindlicher und bildet in Mitteleuropa keine Samen aus. Seine Vermehrung erfolgt über Stecklinge und/oder Wurzelschnittlinge.

Wirkung: antirheumatisch, beruhigend, harntreibend, schmerzstillend, fiebersenkend, verdauungsfördernd, entwurmend

Verwendung: Tee, mit Brei gefüllte Kompressen, Kräuterbutter, Kräuteressig, Würze für Soßen, Salate, Fisch- und Geflügelgerichte

FENCHEL (FOENICULUM VULGARE)

FAMILIE: DOLDENBLÜTLER, APIACEAE

- mehrjährig
- Standort: sonnig, frisch, kalkhaltig
- Nährstoffbedarf: mittel
- Erntezeit: Juli–September
- Wuchsintensität: mittel

Besonderheiten: Gegenwärtig wird Fenchel in vielen Regionen der Erde als Heil- sowie Gemüsepflanze angebaut. Die Früchte (Samen) enthaltenden Dolden ähneln denen des Kümmels. Sie lassen sich sowohl als reif als auch unreif zur Teezubereitung verwenden. Zuvor sollte man sie in einem Mörser ein wenig zerstoßen.

Wirkung: antibakteriell, appetitanregend, entspannend, menstruationsfördernd, schlaffördernd, schleimlösend, hilft sehr gut bei Blähungen sowie Völlegefühl, lindert Migränebeschwerden

Verwendung: Tee (sehr beliebt sind auch Mischungen aus Fenchel und Anis)

FRAUENMINZE (TANACETUM BALSAMITA)
FAMILIE: KORBBLÜTLER, ASTERACEAE

- mehrjährig
- Standort: sonnig, feucht
- Nährstoffbedarf: mittel
- Erntezeit: Mai–Juni
- Wuchsintensität: mittel

Besonderheiten: Der Populärname dieser etwas in Vergessenheit geratenen Pflanze ist ein wenig irritierend, denn es handelt sich dabei um keine Vertreterin der Minzen. Der Name basiert darauf, dass dieses aus Asien stammende Kraut nach Minze duftet, weil es ätherische Öle enthält, die denen der Minzen ähneln. Weitere regionale Populärnamen sind Marienblatt und Balsamkraut. Genutzt werden die Blätter.

Wirkung: antiseptisch, harntreibend, krampflösend, verdauungsfördernd, entwurmend, wundheilungsfördernd, hilft bei Leber- und Nierenschwäche, gut gegen geschwollene Füße

Verwendung: Tee, Bäder, Kompressen

GARTENKRESSE (LEPIDIUM SATIVUM)
FAMILIE: KREUZBLÜTLER, BRASSICACEAE

- einjährig
- Standort: sonnig, frisch–feucht
- Nährstoffbedarf: mittel
- Erntezeit: April–September
- Wuchsintensität: mittel

Besonderheiten: Die Gartenkresse lässt sich sowohl im Freiland als auch auf der Fensterbank (hier ganzjährig) kultivieren. Sie riecht zwar etwas dumpf und schmeckt relativ scharf, aber sie ist auch eine Vitamin-C-Bombe, weshalb man Gartenkresse möglichst frisch und roh verzehren sollte.

Wirkung: entschlackend (Frühlingskuren mit Kräutern), appetitanregend, lindert Blasen- sowie Nierenbeckenentzündungen, Menstruationsbeschwerden sowie asthmatische Erkrankungen, regt die Milchbildung an

Verwendung: Quarkgerichte, Käsegerichte, Salate, zum Garnieren und fein gehackt auf Brot

GEWÜRZLORBEER (LAURUS NOBILIS)

FAMILIE: LORBEERGEWÄCHSE LAURACEAE

- mehrjährig
- Standort: sonnig, schwach feucht
- Nährstoffbedarf: gering–mittel
- Erntezeit: ganzjährig
- Wuchsintensität: mittel–hoch

Besonderheiten: Der auch als Echter Lorbeer bezeichnete Gewürzlorbeer kommt in freier Natur in Vorderasien und im Mittelmeerraum vor. Aufgrund ihrer unzureichenden Winterhärte lassen sich Lorbeerpflanzen in den meisten Regionen Deutschlands nur in großen Kübeln kultivieren, die im Sommer im Freien stehen sollten.

Wirkung: antibakteriell, antirheumatisch, nervenstärkend, verdauungsfördernd, hautglättend, hilft bei Verstauchungen und Muskelschmerz

Verwendung: Ölauszug zum Einreiben (aus den Früchten), Blätter (frisch und getrocknet) für deftige Fleisch- und Fischgerichte, Marinaden

GROSSE KAPUZINERKRESSE (TROPAEOLUM MAJUS)

FAMILIE: KAPUZINERKRESSENGEWÄCHSE, TROPAEOLACEAE

- in Mitteleuropa einjährig
- Standort: sonnig–halbschattig, frisch–feucht
- Nährstoffbedarf: mittel
- Erntezeit: Juni–September
- Wuchsintensität: mittel

Besonderheiten: Kapuzinerkresse stammt aus Peru, enthält viel Vitamin C, ist frostempfindlich und nicht mit der Gartenkresse verwandt. Es werden die jungen Blätter, Knospen und Blüten geerntet.

Wirkung: blutreinigend, schleimlösend, gut bei Husten- und Erkältungskrankheiten

Verwendung: Frisch verzehren. Die Blüten eignen sich auch als Dekoration für Wurst- und Käseplatten, Blätter und Knospen als Salatbestandteile, Verwendung der in Essig eingelegten Knospen wie Kapern

Doppelgänger: Kleine Kapuzinerkresse

HIMBEERE (RUBUS IDAEUS)

FAMILIE: ROSENGEWÄCHSE, ROSACEAE

- mehrjährig
- Standort: sonnig frisch–feucht
- Nährstoffbedarf: mittel–hoch
- Erntezeit: Mai–Juli
- Wuchsintensität: hoch

Besonderheiten: Von der Himbeere existieren zahlreiche Kultursorten, deren Früchte eine weißliche, gelbe, orange oder rote Färbung haben können. Außerdem gibt es Kreuzungen zwischen Himbeeren und Brombeeren. Von allen Himbeersorten können die Blätter geerntet werden. Diese sind besonders reich an Vitamin C, Eisen und Kalzium.

Wirkung: antibakteriell, blutreinigend, entkrampfend, gegen Morgenübelkeit bei Schwangerschaft, erleichtert Geburten, Stärkung der allgemeinen Abwehrkräfte

Verwendung: Tee und Teemischungen, sehr junge Blätter für Frühlingssalate

Doppelgänger: Brombeere, Kroatzbeere

KERBEL (ANTHRISCUS CEREFOLIUM)

FAMILIE: DOLDENBLÜTLER, APIACEAE

- zwei- bis mehrjährig
- Standort: sonnig–halbschattig, frisch
- Nährstoffbedarf: mittel
- Erntezeit: Mai–August
- Wuchsintensität: mittel

Besonderheiten: Kerbel blüht zwischen Juni und August. Seine für die Küche verwendeten Blätter sollte man möglichst vor der Blühphase ernten, da sie dann das beste Aroma haben, welches an Anis erinnert. Zum Trocknen eignen sich die Blätter weniger gut, weil sie dabei viel Aroma verlieren. Obwohl Kerbel ein klassisches Küchenkraut ist, hat er auch gewisse Heilwirkungen.

Wirkung: blutreinigend, schleimlösend, gut gegen Erkältungen, Kopfschmerzen und Gicht

Verwendung: Salate, Kräuterquark, Soßen, Fisch- und Gemüsegerichte

Doppelgänger: Gefleckter Schierling, junger Koriander, junge Petersilie

KLEINE BIBERNELLE (PIMPINELLA SAXIFRAGA)

FAMILIE: DOLDENBLÜTLER, APIACEAE

- mehrjährig
- Standort: sonnig, trocken, kalkhaltig
- Nährstoffbedarf: gering
- Erntezeit: Mai–September
- Wuchsintensität: mittel

Besonderheiten: Weitere volkstümliche Bezeichnungen sind Gemeine Bibernelle, Stein-Bibernelle und Steinpetersilie. Neben der Kultur im Garten wird die Kleine Bibernelle auch oft als Wildkraut gesammelt.

Wirkung: blutreinigend, verdauungsfördernd, fiebersenkend, lindert Asthma und hilft bei Bronchitis und Hals-Rachen-Entzündungen.

Verwendung: Blätter und Blüten als Gewürz für Salate und Soßen, die Blüten zudem für Sirup und als Gewürz für Obstsalate und für Tee, die Wurzel für Tinkturen

Doppelgänger: Gefleckter Schierling, Große Bibernelle

KNOBLAUCH (ALLIUM SATIVUM)

FAMILIE: AMARYLLISGEWÄCHSE, AMARYLLIDACEAE

- mehrjährig
- Standort: sonnig, frisch
- Nährstoffbedarf: mittel
- Erntezeit: Juli–Oktober
- Wuchsintensität: mittel

Besonderheiten: Obwohl der Knoblauch, rein botanisch gesehen, mehrjährig ist, wird er oftmals komplett geerntet und danach wieder neu gesteckt. Es lassen sich sowohl die Zwiebeln als auch das Laub verwenden.

Wirkung: Allgemein stark gesundheitsfördernd und den Organismus kräftigend, antibakteriell, appetitanregend, blutdrucksenkend, desinfiziert, krampflösend, sekretionssteigernd, hilft bei Wechseljahrbeschwerden und Spulwurmbefall

Verwendung: Wurst, Fleischgerichte, Salate, Kräuterquark, Eintöpfe, Soßen und Suppen, die rohen Knoblauchzehen auf Brot

KORIANDER (CORIANDRUM SATIVUM)

FAMILIE: DOLDENBLÜTLER, APIACEAE

- mehrjährig
- Standort: sonnig–halbschattig, frisch
- Nährstoffbedarf: mittel
- Erntezeit: Mai–September
- Wuchsintensität: mittel

Besonderheiten: Vom Koriander lassen sich sowohl die Blätter als auch die Früchte (Samen) verwenden. Koriander gehört zu jenen Heil- und Küchenkräutern, die schon in den alten Hochkulturen sehr beliebt waren.

Wirkung: antibakteriell, krampflösend, verdauungsfördernd. Mit Honig vermischte, zerstoßene Früchte helfen bei Husten.

Verwendung: Tee (wahlweise aus Blättern und/oder im Mörser zerstoßenen Früchten), Tinktur, Gewürz für Fleisch-, Fisch-, sowie asiatische Gerichte, Soßen, zum Einlegen von Gurken und Roter Bete

Doppelgänger: Gefleckter Schierling, junger Kerbel, Petersilie

KRAUT DER UNSTERBLICHKEIT (GYNOSTEMMA PENTAPHYLLUM)

FAMILIE: KÜRBISGEWÄCHSE, CUCURBITACEAE

- mehrjährig
- Standort: sonnig–halbschattig, frisch
- Nährstoffbedarf: mittel
- Erntezeit: Mai–September
- Wuchsintensität: mittel

Besonderheiten: Das Kraut der Unsterblichkeit, das auch als Frauenginseng bezeichnet wird, stammt aus Asien. Es handelt sich um eine Kletterpflanze, die Rankhilfen benötigt. Im Herbst sollte der Standort dieser Pflanze mit einer Schicht aus Nadelreisig und Falllaub abgedeckt werden. Geerntet werden die Blätter.

Wirkung: stressreduzierend, schlaffördernd, blutdrucksenkend, blutzucker- und blutfettsenkend, blutbildend, krebshemmend, immunsystemstärkend, herzstärkend, stoffwechselfördernd

Verwendung: Tee (am besten nach dem Essen), Salate, exotische Gerichte

KÜCHENZWIEBEL (ALLIUM CEPA)

FAMILIE: AMARYLLISGEWÄCHSE, AMARYLLIDACEAE

- mehrjährig
- Standort: sonnig, schwach frisch
- Nährstoffbedarf: mittel
- Erntezeit: Juli–September
- Wuchsintensität: mittel

Besonderheiten: Küchenzwiebeln sind mehrjährig, werden aber fast immer komplett geerntet und im folgenden Jahr neu gezogen. Neben den Zwiebeln wird auch gern das Laub (Zwiebelschlotten) in der Küche verwendet.

Wirkung: antibakteriell, antirheumatisch, blutdrucksenkend, fiebersenkend, nierenstärkend, schleimlösend. Aufgelegte Zwiebelscheiben helfen bei Insektenstichen.

Verwendung: Wurst, Fleisch- und Fischgerichte, Salate, Kräuterquark, Eintöpfe, Soßen und Suppen, Zwiebelkuchen

KÜMMEL (CARUM CARVI)

FAMILIE: DOLDENBLÜTLER, APIACEAE

- zweijährig
- Standort: sonnig, frisch
- Nährstoffbedarf: mittel
- Erntezeit: Juni–August
- Wuchsintensität: mittel

Besonderheiten: Kümmel, auch Echter und Wiesenkümmel genannt, gehört zu den ältesten Würzpflanzen der Menschheit. Aber er besitzt nicht nur sehr gute Würz-, sondern auch hervorragende Heileigenschaften. Geerntet werden die Früchte (Samen), die sich sowohl im Ganzen als auch im zerdrückten Zustand verwenden lassen.

Wirkung: antibakteriell, antirheumatisch, appetitanregend, durchblutungsfördernd, krampflösend, fördert den Gallenfluss und wirkt gegen Blähungen, lindert Zahnschmerzen

Verwendung: Tee, Tinktur, Kümmelwein, Suppen, Kartoffel-, Kohl- und Fleischgerichte

Doppelgänger: Anis

LAVENDEL (LAVANDULA ANGUSTIFOLIA)

FAMILIE: LIPPENBLÜTLER, LAMIACEAE

- mehrjährig
- Standort: sonnig, trocken, kalkhaltig
- Nährstoffbedarf: gering
- Erntezeit: Mai–September
- Wuchsintensität: mittel

Besonderheiten: Lavendel ist ein ursprünglich im Mittelmeerraum und in Südfrankreich verbreiteter Halbstrauch. Seine jungen Blätter, Triebspitzen und Blüten lassen sich sowohl in der Küche als auch in der Hausmedizin verwenden.

Wirkung: antiseptisch, antirheumatisch, beruhigend, krampflösend, blutdrucksenkend, schlaffördernd, lindert Schmerzen bei Neuralgien, Migräne und Gürtelrose, hilft bei Herz-und Kreislaufschwäche

Verwendung: Tee, Tinktur, Ölauszug, Kräuterkissen, Badezusatz, Blüten als Bestandteil von Marmeladen und Kräuteressig sowie zur Dekoration von kalten Platten

LIEBSTÖCKEL (LEVISTICUM OFFICINALE)

FAMILIE: DOLDENBLÜTLER, APIACEAE

- mehrjährig
- Standort: sonnig–halbschattig, frisch
- Nährstoffbedarf: mittel–hoch
- Erntezeit: Mai–Juli
- Wuchsintensität: hoch

Besonderheiten:: Aufgrund seines Geruchs und Geschmacks wird Liebstöckel im Volksmund oft als Maggikraut bezeichnet. Traditionelles Gewürzkraut, das seit Jahrhunderten fester Bestandteil in Kloster- und Bauerngärten ist. Als Erntegut eignen sich vor allem junge Triebe sowie obere Blätter der älteren Triebe.

Wirkung: antirheumatisch, blutstillend, harntreibend, krampflösend, schleimlösend, schweißtreibend, verdauungsfördernd

Verwendung: Tee, Würzen von Suppen, Eintöpfen, Soßen und Bratengerichten, Kräuteröl

MAJORAN (ORIGANUM MAJORANA)
FAMILIE: LIPPENBLÜTLER, LAMIACEAE

- mehrjährig
- Standort: sonnig, trocken
- Nährstoffbedarf: gering
- Erntezeit: Juni–September
- Wuchsintensität: mittel

Besonderheiten: Weil Majoran oft als Gewürz genutzt wird, das bei der Wurstherstellung zum Einsatz kommt, wird diese Pflanze auch als Wurstkraut bezeichnet. Gleichzeitig besitzt Majoran gute Heilkräfte und findet deshalb auch in der Hausmedizin Verwendung. Das Erntegut sind die Blättchen, die von den Stängeln abgerebelt werden.

Wirkung: antirheumatisch, beruhigend, krampflösend, schleimlösend, schlaffördernd. Lindert Gicht, Asthma, Keuchhusten und Migräne. Hilft bei schlecht heilenden Wunden.

Verwendung: Tee, Tinktur, Salben, Ölauszug, Fleisch-, Nudel-, Kartoffelgerichte und Suppen

Doppelgänger: Oregano

MEERRETTICH (ARMORACIA RUSTICANA)
FAMILIE: KREUZBLÜTLER, BRASSICACEAE

- mehrjährig
- Standort: sonnig–sehr feucht
- Nährstoffbedarf: hoch
- Erntezeit: September–April
- Wuchsintensität: hoch

Besonderheiten: Meerrettich, auch als Kren bezeichnet, stammt aus Westasien und Südrussland. Als Gartenkultur neigt sie zum Verwildern und ist deshalb oft auf feuchten Wiesen und an Gewässerufern anzutreffen. Genutzt wird vom Meerrettich die Wurzel.

Wirkung: antibakteriell, antirheumatisch, fiebersenkend, immunsystemstärkend, lindert Gicht, Asthma und Kopfschmerzen

Verwendung: Kompressen mit feingeraspelten Wurzeln, in Scheiben geschnitten gegen Insektenstiche aufgelegt, mit Honig vermischt gut gegen hartnäckigen Husten, Fleisch- und Fischgerichte, Soßen, Dips und Sahnemeerrettich

MONARDE (MONARDA DIDYMA)

FAMILIE: LIPPENBLÜTLER (LAMIACEAE)

- mehrjährig
- Standort: sonnig–halbschattig, frisch
- Nährstoffbedarf: mittel
- Erntezeit: Juni–September
- Wuchsintensität: mittel

Besonderheiten: Die Monarde wird auch als Indianernessel und Goldmelisse bezeichnet. Sie ist, rein botanisch gesehen, eine ausdauernde Pflanze, die sich jedoch in Mitteleuropa als nicht winterhart erwiesen hat und deshalb jährlich neu kultiviert werden muss. Mit äußerlichen Anwendungen sollte man vorsichtig sein, weil höhere Konzentrationen die Haut reizen können. Allerdings lassen sich damit auch schlecht heilende Wunden schneller schließen. Genutzt werden die Blätter.

Wirkung: beruhigend, harntreibend, schleimlösend, entwurmend, schlaffördernd, hilft bei Migräne sowie bei Wechseljahrbeschwerden

Verwendung: Tee, Teemischungen

MUSKATELLERSALBEI (SALVIA SCLAREA)

FAMILIE: LIPPENBLÜTLER, LAMIACEAE

- zwei- bis mehrjährig
- Standort: sonnig, trocken
- Nährstoffbedarf: gering
- Erntezeit: Juni–August
- Wuchsintensität: mittel–hoch

Besonderheiten: Das natürliche Verbreitungsgebiet des Muskatellersalbeis erstreckt sich vom Mittelmeerraum bis nach Zentralasien. Er riecht stark balsamisch, mit einer leichten Zitronennote. Geerntet werden die Blüten und jungen Blätter.

Wirkung: antibakteriell, blutdrucksenkend, schmerzstillend, entzündungshemmend, verdauungsfördernd, hilft bei übermüdeten Augen und Menstruationsbeschwerden, vitalisiert die Haut und lässt Hautausschläge besser abheilen

Verwendung: Tee, (in Tee getränkte) Kompressen, Ölauszug, Tinktur, Süßspeisen, Getränke, Salate, Garnieren (Blüten)

OREGANO (ORIGANUM VULGARE)

FAMILIE: LIPPENBLÜTLER, LAMIACEAE

- mehrjährig
- Standort: sonnig, trocken
- Nährstoffbedarf: gering
- Erntezeit: Juni–September
- Wuchsintensität: mittel

Besonderheiten: Oregano, auch als Echter Dost bezeichnet, hat im Unterschied zu dem etwas süßlicheren Majoran einen leicht herben Geschmack. Weil die Pflanze nicht absolut winterhart ist, sollte ihr Standort im Herbst mit trockenem Falllaub und Nadelreisig abgedeckt werden.

Wirkung: antiviral, verdauungsfördernd, lindert Menstruationsbeschwerden, Cellulitis, hilft bei Ekzemen, Keuchhusten sowie Schuppenflechte

Verwendung: Tee (nicht während der Schwangerschaft), Tinktur, Tomaten-, Nudel- und Fleischgerichte, Pizza, Bratkartoffeln und Soßen

Doppelgänger: Majoran

PETERSILIE (PETROSELINUM CRISPUM)

FAMILIE: DOLDENBLÜTLER, APIACEAE

- anderthalbjährig
- Standort: sonnig, frisch
- Nährstoffbedarf: mittel
- Erntezeit: Mai–Oktober
- Wuchsintensität: mittel

Besonderheiten: Petersilie ist wohl das bekannteste Küchenkraut. Außer Sorten mit gekräuselten und nicht gekräuselten Blättern (die in ihrer Form an Sellerieblätter erinnern) existiert eine Unterart mit stark verdickten (essbaren) Wurzeln. Diese Unterart wird als Wurzelpetersilie bezeichnet. Neben der Wurzel eignen sich auch deren Blätter für die Küche. Petersilie enthält viel Vitamin C, das beim Kochen stark reduziert wird. Deshalb sollte man einen weitgehenden Rohverzehr favorisieren.

Verwendung: Tee, Suppen, Soßen und Eierspeisen, Quarkgerichte und Gemüsesalate sowie zum Garnieren

PFEFFERMINZE (MENTHA X PIPERITA)

FAMILIE: LIPPENBLÜTLER, LAMIACEAE

- mehrjährig
- Standort: halb- bis vollsonnig, feucht
- Nährstoffbedarf: mittel
- Erntezeit: April –September
- Wuchsintensität: mittel–hoch

Besonderheiten: Obwohl die Pfefferminze auch in der Küche verwendet wird, kann man sie als Klassikerin unter den Heilpflanzen ansehen. Es handelt sich bei ihr um eine Kreuzung aus Wasserminze, Mentha aquatica, und Grüner Minze, Mentha spicata. Außer der Pfefferminze werden oft weitere Minzen kultiviert, die neben dem typischen Menthol-Aroma einen zusätzlichen „Begleitgeschmack", beispielsweise nach Orangen oder Ananas, haben.

Wirkung: antibakteriell, krampflösend, schlafferdernd

Verwendung: Longdrinks und Süßspeisen, Tee, Kompressen, Naturkosmetik

RATTENSCHWANZWÜRZE (RAPHANUS CAUDATUS)

FAMILIE: KREUZBLÜTLER, BRASSICACEAE

- mehrjährig
- Standort: sonnig, frisch
- Nährstoffbedarf: hoch
- Erntezeit: April–Juni
- Wuchsintensität: mittel

Besonderheiten: Die Pflanze, die auch als Rattenschwanzradieschen bezeichnet wird, bildet 6–12 cm lange, knackige Schoten, die mit etwas Fantasie an einen Rattenschwanz erinnern. Man sollte sie – ähnlich wie Radieschen – nicht zu spät ernten (sonst werden sie holzig). Die Ernte kann oft schon 6 Wochen nach der Aussaat (ab April) erfolgen.

Wirkung: entzündungshemmend, blutzuckersenkend, magensäureneutralisierend, gallensteinreduzierend, cholesterinsenkend, kann Krebszellen bekämpfen

Verwendung: Gemüse, gut geeignet für asiatische Gerichte, Dekoration auf kalten Platten, Salate, Dips

RINGELBLUME (CALENDULA OFFICINALIS)

FAMILIE: KORBBLÜTLER, ASTERACEAE

- ein- bis zweijährig
- Standort: sonnig, trocken–frisch
- Nährstoffbedarf: gering–mittel
- Erntezeit: Juni–Oktober
- Wuchsintensität: mittel

Besonderheiten: Ringelblumen könnte man auch als die „Verkannte" bezeichnen, denn mit kaum einer anderen Pflanze lassen sich so viele Krankheiten kurieren wie mit ihr. Hinzu kommt, dass es nur wenige Menschen gibt, die auf Ringelblumenerzeugnisse allergisch reagieren. Ringelblumen tendieren zum Verwildern, weshalb man sie oft in der freien Natur findet.

Wirkung: abschwellend, antibakteriell, entzündungshemmend, krampflösend, pilztötend, schmerzlindernd, schweißtreibend, allgemeine Stärkung des Körpers

Verwendung: Tee, Salben und Tinkturen

Doppelgänger: Strohblumen, Zinnien

ROSMARIN (ROSMARINUS OFFICINALIS)

FAMILIE: LIPPENBLÜTLER, LAMIACEAE

- mehrjährig
- Standort: sonnig, trocken, kalkhaltig
- Nährstoffbedarf: gering
- Erntezeit: Mai–September
- Wuchsintensität: gering

Besonderheiten: Beim Rosmarin handelt es sich um einen immergrünen, kleinen Strauch aus der Mittelmeerregion, der nicht winterhart ist. Deshalb bietet sich eine Kultur im Kübel an, sodass man die Pflanze ohne größeren Aufwand in einem hellen frostfreien Raum überwintern kann. Als Erntegut fungieren die Triebspitzen und jungen Blättchen.

Wirkung: antirheumatisch, antibakteriell, entzündungshemmend, krampflösend, pilztötend, schmerzstillend, verdauungsfördernd, hilft bei Herz- und Kreislaufbeschwerden sowie bei Haarausfall, lindert Migräne

Verwendung: Tee, Tinktur, Fleisch-, Grüne Bohnen- und Kartoffelgerichte, Soßen

ROTER SONNENHUT (ECHINACEA PURPUREA)

FAMILIE: KORBBLÜTLER, ASTERACEAE

- mehrjährig
- Standort: sonnig, feucht
- Nährstoffbedarf: Mittel–hoch
- Erntezeit: Juli–September
- Wuchsintensität: mittel

Besonderheiten: Der Rote Sonnenhut stammt aus Nordamerika. Dort haben ihn bereits seit Jahrtausenden zahlreiche Indianerstämme als Heilpflanze genutzt. Obwohl der Rote Sonnenhut in Mitteleuropa vorwiegend als Gartenblume kultiviert wird, kann er trotzdem auf eine 80-jährige Geschichte in der Naturheilkunde zurückblicken. In der älteren Literatur wird er noch oft als Rudbeckia purpurea bezeichnet. Man kann sowohl das Kraut als auch die Wurzel verwenden.

Wirkung: antibakteriell, entzündungshemmend, immunstimulierend, schmerzstillend, sehr gut bei Husten und schlecht heilenden Wunden

Verwendung: Tinktur

SCHNITTLAUCH (ALLIUM SCHOENEPRASUM)

FAMILIE: AMARYLLISGEWÄCHSE, AMARYLLIDACEAE

- mehrjährig
- Standort: sonnig, sehr feucht
- Nährstoffbedarf: mittel
- Erntezeit: April–Oktober
- Wuchsintensität: mittel

Besonderheiten: Die Wildform wächst vor allem auf Feuchtstandorten. Um üppig zu gedeihen, benötigt er als Gartenkultur viel Wasser. Von Schnittlauch existieren fein- und grobröhrige Sorten. Neben Vitamin C enthält Schnittlauch auch größere Mengen an Vitamin B_2, Calcium, Phosphor und Eisen.

Wirkung: appetitanregend, verdauungsfördernd, antiseptisch und harntreibend

Verwendung: Eierspeisen, Salate, Quark, Suppen, Soßen und Kartoffelgerichte, Stängel und Blüten zum Garnieren

SCHWARZE JOHANNISBEERE (RIBES NIGRUM)
FAMILIE: STACHELBEERGEWÄCHSE, GROSSULARIACEAE)

- mehrjährig
- Standort: sonnig–frisch
- Nährstoffbedarf: mittel
- Erntezeit: April–Juni
- Wuchsintensität: mittel

Besonderheiten: Der Name dieses Strauches basiert darauf, dass seine Früchte um den Johannistag reifen. Seit dem 15. Jahrhundert wird dieser Strauch aber nicht nur wegen seiner Früchte in Gärten kultiviert, sondern auch wegen seiner Blätter, die in der Volksheilkunde noch immer gern verwendet werden. Die Früchte haben sich als regelrechte Vitamin-C-Bomben erwiesen.

Wirkung: antirheumatisch, harn- und schweißtreibend, verdauungsfördernd, blutdrucksenkend, Linderung bei Blasenleiden, Entzündungen des Hals-Rachen-Raumes, Erkältungskrankheiten, Migräne

Verwendung: Tee und Teemischungen (als Durstlöscher)

STAUDENSELLERIE (APIUM GRAVEOLENS VAR. DULCE) FAMILIE: DOLDENBLÜTLER, APIACEAE

- einjährig
- Standort: sonnig, feucht
- Nährstoffbedarf: hoch
- Erntezeit: August–Oktober
- Wuchsintensität: mittel–hoch

Besonderheiten: Der auch als Bleich- oder Stangensellerie bezeichnete Staudensellerie bildet im Unterschied zum Knollensellerie nur eine kleine Knolle aus. Das Erntegut sind die Blätter inklusive der Stängel, die sehr viel Vitamin C und B enthalten. Nachdem man sie abgeschnitten hat, werden bis in den Oktober hinein neue nachgeschoben. Die beste Wirkung erzielt man, wenn die Sellerieblätter roh verzehrt werden.

Wirkung: blutreinigend, harntreibend, antirheumatisch, kreislaufstärkend, nervenstärkend, appetitanregend, blutdrucksenkend, lindert Bronchitis und Gicht

Verwendung: Salate, Soßen, Suppen, Fleischgerichte

STOCKROSE (ALCEA ROSEA)

FAMILIE: MALVENGEWÄCHSE, MALVACEAE

- zwei- bis mehrjährig
- Standort: sonnig, frisch
- Nährstoffbedarf: mittel
- Erntezeit: Juli–September
- Wuchsintensität: mittel

Besonderheiten: Ursprünglich im östlichen Mittelmeerraum zu Hause, etablierte sich die Stockrose schnell zu einer charakteristischen Pflanze der Bauerngärten. Obwohl sich auch die Blätter und Wurzeln zu demselben Zweck nutzen lassen, werden zumeist nur die Blüten geerntet. Diese setzte man bereits seit dem 15. Jahrhundert in frischem und getrocknetem Zustand für medizinische Zwecke ein.

Wirkung: entzündungshemmend, fiebersenkend, hilft bei Bronchitis, Erkältungskrankheiten, Magen-Darm- sowie Hautentzündungen

Verwendung: Tee, optische Aufwertung von Teemischungen und mit Blütenbrei gefüllte Kompressen

SÜSSDOLDE (MYRRHIS ODORATA)

FAMILIE: DOLDENBLÜTLER, APIACEAE

- mehrjährig
- Standort: sonnig, frisch
- Nährstoffbedarf: mittel
- Erntezeit: April–Juni
- Wuchsintensität: mittel

Besonderheiten: Die Süßdolde wird auch Myrrhen- oder Aniskerbel genannt. Ursprünglich war sie vermutlich nur in den süd- und südwesteuropäischen Gebirgen beheimatet. Inzwischen kommt sie aber vielerorts in Europa vor. Um Rohrzucker zu sparen, kann man alle Teile (einschließlich der Wurzeln) nutzen. Diese haben einen anisähnlichen, süßen Geschmack. Die Samen sind äußerst würzintensiv, deshalb sollte man sie sparsam verwenden.

Wirkung: blutreinigend, lindert Husten und fördert die Verdauung

Verwendung: Salate, Soßen, Liköre und Sirup (aus Blüten), Sekt (analog zu Hugo)

Doppelgänger: Kerbel

THYMIAN (THYMUS VULGARIS)

FAMILIE: LIPPENBLÜTLER, LAMIACEAE

- meist einjährig
- Standort: sonnig, trocken, kalkhaltig
- Nährstoffbedarf: gering
- Erntezeit: Juni–Juli
- Wuchsintensität: schwach–mittel

Besonderheiten: Thymian erfreut sich seit Langem als Heil- und Küchenkraut großer Beliebtheit. Allerdings wird seine Heilwirkung dabei häufig unterschätzt.

Wirkung: antibakteriell, antirheumatisch, beruhigend, blutstillend, desinfizierend, entzündungshemmend, hautreinigend, krampflösend, pilztötend, schlaffördernd, schleimlösend, schmerzlindernd, schweißtreibend und wundschließend, lindert Wechseljahrbeschwerden und hilft bei Nieren- und Blasenschwäche

Verwendung: Tee, Salben, Füllung für Kompressen, Gewürz für Wild, Braten, Suppen, Soßen, Pizzen und Nudelgerichte sowie Verarbeitung zu Kräuteröl

WALDMEISTER (GALIUM ODORATUM)

FAMILIE: RÖTEGEWÄCHSE, RUBIACEAE

- mehrjährig
- Standort: halb- bis vollschattig, feucht
- Nährstoffbedarf: mittel
- Erntezeit: April–Mai
- Wuchsintensität: mittel

Besonderheiten: Waldmeister wird auch als Wohlriechendes Labkraut bezeichnet. Im Rahmen des mittelalterlichen Aberglaubens spielte er als Mittel zur Abwehr von Hexen und bösen Geistern eine wichtige Rolle.

Wirkung: beruhigend, blutreinigend, krampflösend, schlaffördernd, gefäßstärkend – Waldmeister enthält Cumarin, das in geringer Dosierung gegen Kopfschmerzen und Migräne hilft. In höherer Dosierung kann er dagegen Kopfschmerzen verursachen.

Verwendung: Tee (aus blühendem Kraut), Duftkissen, Süßspeisen, Bowle (damit das Aroma voll zur Geltung kommt, das Kraut zuvor leicht welken lassen)

Doppelgänger: Bärlauch

WERMUT (ARTEMISIA ABSINTHIUM)

FAMILIE: KORBBLÜTLER, ASTERACEAE

- mehrjährig
- Standort: sonnig, trocken
- Nährstoffbedarf: gering
- Erntezeit: Juni–September
- Wuchsintensität: mittel

Besonderheiten: Wermut wurde bereits in der Antike und in mittelalterlichen Klöstern verwendet. Im Garten neben Pflanzen platziert, verhindert er an seinen Nachbarn Wühlmausfraß.

Wirkung: blutbildend, blutreinigend, entwurmend, verdauungsfördernd, kreislaufstärkend, hilft bei Gallenbeschwerden und Mundgeruch

Verwendung: Sehr sparsame Würze für Fleisch- und Wildgerichte, Tee (obwohl dieser sehr bitter schmeckt, sollte man ihn ungesüßt trinken, da sonst ein Teil seiner Wirksamkeit verloren geht), Wermut enthaltender Absinth löst bei häufigem Genuss oft Schwindel und Delirien aus.

Doppelgänger: Beifuß

WEISSER SENF (SINAPIS ALBA)

FAMILIE: KREUZBLÜTLER, BRASSICACEAE

- einjährig
- Standort: sonnig, frisch
- Nährstoffbedarf: mittel
- Erntezeit: Blätter bis Juli, Samen ab Juli
- Wuchsintensität: mittel–hoch

Besonderheiten: Senf wird als Küchen- und Heilpflanze verwendet, wobei sich sowohl die Früchte (Senfkörner) als auch junge Blätter nutzen lassen.

Wirkung: anregend, antibakteriell, antirheumatisch, durchblutungsfördernd, schmerzlindernd, schweißtreibend

Verwendung: Körner (pulverig zerrieben für warme Fußbäder und lauwarme Kompressen), Blätter als Einlegegewürz für Gurken, Rote Bete und Sauerkraut

Doppelgänger: Raps, Hederich

YSOP (HYSSOPUS OFFICINALIS)

FAMILIE: LIPPENBLÜTLER, LAMIACEAE

- mehrjährig
- Standort: sonnig, trocken, kalkhaltig
- Nährstoffbedarf: gering
- Erntezeit: Juli–August
- Wuchsintensität: mittel

Besonderheiten: Die ursprüngliche Heimat dieses Halbstrauchs, von dem vorzugsweise nur junge Blätter und Triebspitzen genutzt werden, ist Nordafrika. Die Geschichte des Ysops als Heil- und Gewürzpflanze reicht bis in die Antike zurück. Um Ysop im Winter vor Erfrierungen zu schützen, sollte sein Standort mit Nadelreisig abgedeckt werden.

Wirkung: Gallenfluss fördernd, lindert Bronchitis und Asthmabeschwerden sowie Magen-Darm-Katarrhe

Verwendung: Tee und Teemischungen, Suppen, Soßen, Salate, Tomatengerichte, Kräuterquark, Braten

Doppelgänger: Bohnen- und Bergbohnenkraut

ZITRONENMELISSE (MELISSA OFFICINALIS)

FAMILIE: LIPPENBLÜTLER, LAMIACEAE

- mehrjährig
- Standort: sonnig, trocken
- Nährstoffbedarf: mittel
- Erntezeit: April–Juli
- Wuchsintensität: mittel–hoch

Besonderheiten: Sehr vielseitig verwendbares, wuchsfreudiges Heil- und Würzkraut, das ausgesprochen gut vertragen wird. Wird die Pflanze getrocknet, geht leider viel Aroma verloren. Vorzugsweise erntet man nur die Triebspitzen.

Wirkung: antibakteriell, entspannend, blutreinigend, krampflösend, pilzhemmend, virushemmend, stärkt die allgemeinen Abwehrkräfte des Körpers

Verwendung: Tee, Tinkturen und Ölauszug, Salate, Süßspeisen, Soßen, Fleisch- und Fischgerichte

Doppelgänger: Gelbe Taubnessel

LIEBLINGS-
WILD-
KRÄUTER

ACKERSCHACHTELHALM (EQUISETUM ARVENSE)

FAMILIE: SCHACHTELHALMGEWÄCHSE, EQUISETACEAE

- mehrjährig
- Standort: sonnig, trocken–feucht
- beste Sammelzeit: Mai–August
- Sammelgut: junge Triebe
- **Doppelgänger:** Sumpfschachtelhalm

Besonderheiten: Anders als der giftige Sumpfschachtelhalm wächst der Ackerschachtelhalm nicht in sumpfigem Gelände, sondern auf Feldern und Wiesen. Der Ackerschachtelhalm wird auch Zinnkraut genannt, weil man die Pflanze früher zum Putzen von Zinngeschirr verwendete.

Wirkung: antirheumatisch, blutreinigend, blutstillend, hautstraffend, entzündungshemmend, harntreibend, hilft bei Blasen- und Nierenschwäche sowie bei Ödemen

Verwendung: Tee, Kompressen, Bäder (in diese gibt man hochkonzentrierten Tee), Shampoo (gegen fettiges Haar)

AMPFER-KNÖTERICH (PERSICARIA LAPATHIFOLIUM)

FAMILIE: KNÖTERICHGEWÄCHSE, POLYGONACEAE

- einjährig
- Standort: sonnig, sehr feucht–staunass
- beste Sammelzeit: April–Juni
- Sammelgut: Blätter, Triebspitzen
- **Doppelgänger:** Floh-Knöterich

Besonderheiten: Der Ampfer-Knöterich, der regional auch als Fluss-Ampferknöterich und Acker-Ampferknöterich bezeichnet wird, enthält viele Mineralstoffe sowie Vitamin A, B_6, und C.

Wirkung: antibakteriell, fiebersenkend, hilft bei Hautinfektionen und- entzündungen sowie bei Akne

Verwendung: Tee, Kompressen, Salate, Rohkost, Gemüse (wie Spinat zubereiten)

ACHTUNG

Ampfer-Knöterich enthält viel Oxalsäure. Deshalb sollte er nicht von Menschen, die an Rheuma, Gicht oder Nierensteinen leiden, innerlich angewendet werden.

AUGENTROST (EUPHRASIA ROSTKOVIANA)

FAMILIE: SOMMERWURZGEWÄCHSE, OROBANCHACEAE

- einjährig
- Standort: sonnig–halbschattig, frisch
- beste Sammelzeit: Juli–September
- Sammelgut: blühendes Kraut
- **Doppelgänger:** andere Augentrostarten (ähnliche Wirkung)

Besonderheiten: Augentrost-Arten sind primäre Halbschmarotzer, die ihren Wirtspflanzen mithilfe von Saugwurzeln Wasser und Nährsalze entziehen. Im Unterschied zu vielen anderen Halbschmarotzern können sie aber auch leben, ohne andere Pflanzen zu parasitieren.

Wirkung: Hilft bei Bindehautentzündungen, Gerstenkorn, Lidrandentzündung, Magen-Darm-entzündung, Migräne, Kopfschmerzen, beruhigt überanstrengte Augen, ist schlaffördernd, lindert Heuschnupfen

Verwendung: Tee, Kompressen (in lauwarmem Tee getränkt)

BEIFUSS (ARTEMISIA VULGARIS)

FAMILIE: KORBBLÜTLER, ASTERACEAE

- mehrjährig
- Standort: sonnig, trocken
- beste Sammelzeit: Mai–Juni
- Sammelgut: junge Blätter
- **Doppelgänger:** Wermut

Besonderheiten: Die Blätter des Beifußes sollten möglichst nicht mehr gepflückt werden, wenn die Pflanze zu blühen beginnt, weil der enthaltene Bitterstoffgehalt dann stark ansteigt. Man kann ihn zwar auch im Garten kultivieren, in der Natur kommt er aber ohnehin sehr häufig vor.

Wirkung: antibakteriell, antirheumatisch, durchblutungsfördernd, entspannend, krampflösend, schlaffördernd, verdauungsfördernd, Gallenfluss anregend

Verwendung: Tee, Ölauszug zur äußerlichen Anwendung, als Gewürz (zu Gänse-, Hammel- und Schweinebraten)

BLUTWEIDERICH (LYTHRUM SALICARIA)

FAMILIE: WEIDERICHGEWÄCHSE, LYTHRACEAE

- Standort: halb- bis vollschattig, feucht
- beste Sammelzeit: Mai–August
- Sammelgut: Blätter, Wurzeln

Besonderheiten: Als Pflanze für die Ufer- und Flachwasserbereiche erfreut sich der bis 2 m hoch werdende Blutweiderich bei zahlreichen Gartenteichfreuden großer Beliebtheit. Diese Staude besitzt zudem hervorragende Heilwirkungen und kann auch von Kindern sehr gut vertragen werden.

Wirkung: antibakteriell, blutstillend, blutzuckersenkend, hilft gegen Husten und Halsschmerzen (gutes Gurgelmittel) sowie bei Juckreiz, Hautentzündungen und nässendem Hautauschlag

Verwendung: Tee, Kompressen und Umschläge (in Tee getränkt)

BREITWEGERICH (PLANTAGO MAJOR)

FAMILIE: WEGERICHGEWÄCHSE, PLANTAGINACEAE

- mehrjährig
- Standort: sonnig–halbschattig, frisch
- beste Sammelzeit: Mai–September
- Sammelgut: Blätter

Besonderheiten: Äußerst robuste Pflanze mit sehr trittfesten Blättern. Als „Gartenunkraut“ ist Breitwegerich schwer zu bekämpfen, da er eine tiefreichende Pfahlwurzel besitzt.

Wirkung: abschwellend, blutreinigend, blutstillend, entzündungshemmend

Verwendung: Tee

TIPP

Wenn bei langen Wanderungen die Füße schmerzen oder Blasenbildung droht, kann man sie mit einer Handvoll gekneteten Wegerichblättern einreiben oder die Schuhe mit den Blättern auspolstern. Das wirkt schmerzlindernd und kühlend zugleich.

ECHTER EIBISCH (ALTHAEA OFFICINALIS)

FAMILIE: MALVENGEWÄCHSE, MALVACEAE

- mehrjährig
- Standort: sonnig, trocken
- beste Sammelzeit: Mai–September
- Sammelgut: Wurzel, Blätter, Blüten
- **Doppelgänger:** Wilde Malve

Besonderheiten: Der Echte Eibisch gehört schon seit der Antike zu den hoch geschätzten Heilpflanzen. Bevor er durch den Menschen nach Mitteleuropa gelangte, war er nur in den Steppenzonen Südrusslands und Kasachstans heimisch. In Mitteleuropa etablierte er sich vor allem in küstennahen Regionen sowie auf Binnensalzstellen.

Wirkung: beruhigend, blutstillend, entzündungshemmend, harntreibend, hilft gut bei Erkältung, Heiserkeit, Mundschleimhautentzündungen und Magenübersäuerung

Verwendung: Tee, Kompressen. In der Küche kann man die Blätter und Blüten knackigen Salaten hinzufügen.

ECHTER EHRENPREIS (VERONICA OFFICINALIS)

FAMILIE: WEGERICHGEWÄCHSE, PLANTAGINACEAE

- mehrjährig
- Standort: sonnig, trocken
- beste Sammelzeit: Mai–Juli
- Sammelgut: blühendes Kraut
- **Doppelgänger:** andere Ehrenpreisarten

Besonderheiten: Obwohl sich der Echte Ehrenpreis sehr vielseitig verwenden lässt, ist er in den letzten Jahrzehnten vielerorts in Vergessenheit geraten. Auf seine Vielseitigkeit weist auch die Bezeichnung „Allerweltsheil" hin, die im Mittelalter sehr gebräuchlich war.

Wirkung: blutreinigend, antirheumatisch, lindert Gichtbeschwerden und Asthma, hilft bei Ekzemen, Neurodermitis, Akne sowie Furunkeln

Verwendung: Tee, Tinktur, Füllmasse für Kompressen

ECHTE KAMILLE (MATRICARIA CHAMOMILLA)
FAMILIE: KORBBLÜTLER, ASTERACEAE

- einjährig
- Standort: sonnig, trocken
- beste Sammelzeit: Mai–August
- Sammelgut: Blüten
- **Doppelgänger:** Hundskamillen

Besonderheiten: Kamille gehört zu den am vielseitigsten verwendbaren Heilpflanzen.

Wirkung: antibakteriell, beruhigend, blutreinigend, entzündungshemmend, harntreibend, krampflösend, schmerzlindernd und schweißtreibend

Verwendung: Tee, Kompressen, Dampf- und Vollbäder, Salben, Tinkturen, Naturkosmetik

Unterscheidung: Ihr Doppelgänger, die Hundskamille, verursacht zwar keinen Schaden, hat jedoch auch keinerlei medizinische Wirkung. Zur Identifikation schneidet man eine Blüte vertikal durch und prüft, ob sich im Inneren ein kleiner Hohlraum befindet, den nur die Echte Kamille aufweist.

EFEU (HEDERA HELIX)
FAMILIE: ARALIENGEWÄCHSE, ARALIACEAE

- einjährig
- Standort: halb-bis vollschattig, frisch
- beste Sammelzeit: Mai–August
- Sammelgut: Blätter

Besonderheiten: Efeu ist eine wuchsfreudige, immergrüne Pflanze, die in früheren Zeiten in der Hausmedizin sehr geschätzt wurde. Bei unsachgemäßer Anwendung können allerdings Vergiftungssymptome auftreten. Daher sollte man ihn als Hausmittel nicht innerlich anwenden. Dagegen bestehen gegen äußerliche Anwendungen keine Bedenken.

Wirkung: lindert Bronchitis, Cellulitis, Keuchhusten, Rheuma, Gicht und Gelenkschmerzen

Verwendung: Salbe, Ölauszug, Breiumschläge, Bäder

FELDSTIEFMÜTTERCHEN (VIOLA TRICOLOR)

FAMILIE: VEILCHENGEWÄCHSE, VIOLACEAE

- ein- bis mehrjährig
- Standort: sonnig, trocken bis frisch
- beste Sammelzeit: Mai–Juli
- Sammelgut: oberirdische Teile
- **Doppelgänger:** März-Veilchen

Besonderheiten: Das Feldstiefmütterchen ist sehr robust. Es wird auch als Acker- oder Wildes Stiefmütterchen sowie als Schöngesicht bezeichnet. Die Blütenfärbung kann sich von weiß über gelb und rosa bis zu violett errstrecken.

Wirkung: antibakteriell, belebend, desinfizierend, entzündungshemmend, erweichend, harntreibend, krampflösend, schleimlösend, hautreinigend und hautentspannend

Verwendung: Tee, Gesichtsmaske, Kompresse (bei häufiger Anwendung sehr gute Erfolge bei Akne)

FICHTE (PICEA ABIES)

FAMILIE: KIEFERNGEWÄCHSE, PINACEAE

- mehrjährig
- Standort: schattig–halbschattig, frisch
- beste Sammelzeit: Mai–Juli
- Sammelgut: Triebspitzen
- **Doppelgänger:** Tanne

Besonderheiten: Die Fichte erfreut sich in der Volksmedizin schon seit Langem großer Beliebtheit und auch der berühmte Hydrotherapeut Sebastian Kneipp verwendete sie gern. Im Unterschied zur ähnlich aussehenden Tanne besitzt die Fichte keine abgeflachten, sondern vierkantige Nadeln. Die jungen Triebspitzen weisen hohe Konzentrationen an Vitamin C und ätherischen Ölen auf.

Wirkung: antibakteriell, durchblutungsfördernd, entspannend, schlaffördernd, schleimlösend, schmerzlindernd, allgemeine Kräftigung des Körpers

Verwendung: Tees, Tinkturen, Ölauszüge und Badezusätze

FRAUENMANTEL (ALCHEMILLA VULGARIS)

FAMILIE: ROSENGEWÄCHSE, ROSACEAE

- mehrjährig
- Standort: sonnig, frisch
- beste Sammelzeit: Mai–August
- Sammelgut: Blätter
- **Doppelgänger:** andere Frauenmantelarten

Besonderheiten: Frauenmantel wurde bereits in der Antike als Heilkraut verwendet. Aufgrund der eigenartigen Taubildung auf den Blättern wurden dieser Pflanze in früheren Jahrhunderten sogar wundersame Eigenschaften zugeschrieben. Wie es der Name schon vermuten lässt, fungierte er früher vor allem als Mittel in der Frauenheilkunde.

Wirkung: blutbildend, blutreinigend, krampflösend, fiebersenkend, verdauungsfördernd, schlaffördernd, wundschließend, lindert Wechseljahr- und Menstruationsbeschwerden, Asthma sowie Migräne, hilft bei Ekzemen und Furunkeln

Verwendung: Tee, Ölauszug und Salbe

GÄNSEBLÜMCHEN (BELLIS PERENNIS)

FAMILIE: KORBBLÜTLER, ASTERACEAE

- mehrjährig
- Standort: sonnig, frisch
- beste Sammelzeit: März–September
- Sammelgut: Blätter, Blüten

Besonderheiten: So schön das Gänseblümchen auch ist, wenn es anstelle von Gras in Gärten oder auf Wiesen größere Verbände bildet, ist das oft ein Hinweis für stark verdichteten Boden.

Wirkung: blutreinigend, blutstillend, antirheumatisch, lindert Steinleiden, hilft bei Darmentzündungen sowie unreiner Haut und Hautkrankheiten

Verwendung: Tee, Tinktur, Kompressen, Blätter für Gemüsesuppen und Frühlingssalate, gelber Teil der Blüte als Kapernersatz

GROSSE BRENNNESSEL (URTICA DIOICA) KLEINE BRENNNESSEL (URTICA URENS)

FAMILIE: BRENNNESSELGEWÄCHSE, URTICACEAE

- dioica: mehrjährig; urens: einjährig
- Standort: sonnig, frisch
- beste Sammelzeit: April–Mai
- Sammelgut: alle oberirdischen Teile
- **Doppelgänger:** Pillenbrennnessel

Besonderheiten: Beide Arten sowie die Doppelgängerin sind nutzbar und wirken nahezu identisch. Beim Pflücken sollte man Handschuhe tragen.

Wirkung: antirheumatisch, blutbildend, bluthochdrucksenkend, haarwuchsfördernd, belebend, nierenkräftigend und lindernd bei Menstruationsbeschwerden

Verwendung: Tee, Salate und Gemüse, das spinatartig zubereitet wird

GROSSE KLETTE (ARCTIUM LAPPA)

FAMILIE: KORBBLÜTLER, ASTERACEAE

- zweijährig
- Standort: sonnig, frisch
- beste Sammelzeit: Juli–September
- Sammelgut: Wurzeln
- **Doppelgänger:** Filzige Klette

Besonderheiten: Während sich die Wurzeln der Großen Klette und der Kleinen Klette, Arctium minus, zu Heilzwecken verwenden lassen, sind die der besonders häufig vorkommenden Filzigen Klette, Arctium tomentosum, medizinisch wirkungslos. Im Unterschied zur Filzigen Klette fehlen der Großen Klette die grauen, spinngewebsähnlichen Anteile.

Wirkung: blutreinigend, entgiftend, gegen Gelenkschmerzen und hautreinigend, fördert die Durchblutung der Kopfhaut und hilft gegen nicht hormonell bedingten Haarausfall

Verwendung: Tee, der hochkonzentriert fast nur äußerlich angewendet wird

GROSSES MÄDESÜSS (FILIPENDULA ULMARIA)

FAMILIE: ROSENGEWÄCHSE, ROSACEAE

- mehrjährig
- Standort: sonnig, sehr feucht
- beste Sammelzeit: Juni–Juli
- Sammelgut: Blüten
- **Doppelgänger:** Kleines Mädesüß

Besonderheiten: Der Populärname leitet sich nicht von „Mädchen“ ab, sondern vom Met. Früher wurden die Blüten oft Getränken, wie etwa dem als Met bekannten Honigwein, zugefügt. Weitere regionale Bezeichnungen lauten Echtes Mädesüß, Wiesenkönigin, Wiesensüß und Wiesengeißbart.

Wirkung: antirheumatisch, blutreinigend, entgiftend, entzündungshemmend, fiebersenkend, hilft bei Erkältungskrankheiten, Nierenerkrankungen, Ödemen sowie Kopfschmerzen und lindert Migräne

Verwendung: Tee, Würzen von Süß- und Fruchtspeisen sowie Getränken (für einen süßlich-herben Geschmack)

GUNDERMANN (GLECHOMA HEDERACEA)

FAMILIE: LIPPENBLÜTLER, LAMIACEAE

- mehrjährig
- Standort: schattig–halbschattig, frisch
- beste Sammelzeit: Mai–August
- Sammelgut: Blätter, Blüten

Besonderheiten: Der Gundermann ist eine ganzjährig grüne Pflanze und wird auch als Erd-Efeu bezeichnet. Im Garten ist Gundermann zumeist unerwünscht, da er sich schnell ausbereitet und als Bodendecker oft andere Pflanzen, die seinem Konkurrenzdruck nicht standhalten, schnell verdrängt. Seine Blätter schmecken scharf-bitter.

Wirkung: entzündungshemmend, schleimlösend, stoffwechselfördernd, hilft bei eitrigen, schlecht heilenden Wundem und lindert chronischen Husten und Schnupfen

Verwendung: Tinktur, Füllung für Kompressen, Ölauszug, Gewürz (für Salate, Quark und Kräuterbutter)

HÄNGEBIRKE (BETUAL PENDULA)

FAMILIE: BIRKENGEWÄCHSE, BETULACEAE

- mehrjährig
- Standort: sonnig, trocken–frisch
- beste Sammelzeit: Mai–Juni
- Sammelgut: Blätter
- **Doppelgänger:** Moorbirke

Besonderheiten: Im Unterschied zur Hängebirke, deren junge Zweige kahl sind, zeigen die der Moorbirke eine dichte, flaumartige Behaarung. Außerdem haben die Blätter der Moorbirke eine rhombenartige Gestalt und werden 3–5 cm lang. Dagegen sind die 4–7 cm großen Blätter der Hängebirke eher dreieckig. Zur medizinisch/kosmetischen Anwendung eignen sich die Blätter beider Arten gleichermaßen gut.

Wirkung: blutreinigend, entzündungshemmend, harntreibend, keimtötend, schmerzlindernd, steinlösend

Verwendung: Tee, Gesichtsmasken

HEIDELBEERE (VACCINIUM MYRTILLUS)

FAMILIE: HEIDEKRAUTGEWÄCHSE, ERICACEAE

- mehrjährig
- Standort: sonnig – halbschattig, frisch
- beste Sammelzeit: Juni–Juli
- Sammelgut: Früchte
- **Doppelgänger:** Moosbeere

Besonderheiten: Aus den Blättern der Heidelbeere kann Tee zubereitet werden, der leichte Formen der Diabetes lindert. aber nicht trinken, weil er sonst zu leichten Vergiftungen führen kann. Dagegen können die Früchte (frisch und getrocknet) völlig unbedenklich verzehrt werden.

Wirkung: antibakteriell, entzündungshemmend, fiebersenkend, hilft bei Erkältungen und Hautkrankheiten (äußerliche Anwendung) und Entzündungen der Mund- und Rachenschleimhaut

Verwendung: Tinkturen, Kuchen, Soßen, Fruchtsalate, Kompott

HEIDEKRAUT (CALLUNA VULGARIS)

FAMILIE: HEIDEKRAUTGEWÄCHSE, ERICACEAE

- mehrjährig
- Standort: sonnig, trocken–frisch
- beste Sammelzeit: August–September
- Sammelgut: oberirdische Teile

Besonderheiten: Dieser auch als Erika bezeichnete immergrüne Halbstrauch fand bereits im Mittelalter als Heilpflanze Verwendung. Gegenwärtig ist das Heidekraut als Heilpflanze etwas in Vergessenheit geraten und wird fast nur noch als Zierpflanze genutzt.

Wirkung: antirheumatisch, blutstillend, entspannend, entzündungshemmend, hautreinigend, schleimlösend, steinlösend (Harnblasen- und Nierensteine)

Verwendung: Badezusatz (Flüssigkeit aus gekochtem Heidekraut), als Füllung für Kompressen (mit Wasser zu warmem Brei verarbeitet)

HUFLATTICH (TUSSILAGO FARFARA)

FAMILIE: KORBBLÜTLER, ASTERACEAE

- mehrjährig
- Standort: sonnig, frisch
- beste Sammelzeit: März–Juni
- Sammelgut: Blüten, Blätter
- **Doppelgänger:** Löwenzahn

Besonderheiten: Ihren Populärnamen verdankt diese gelegentlich auch als Brustlattich bezeichnete Pflanze der Blattform. Diese ähnelt dem Abdruck eines Pferdehufes. Beim Zerreiben verströmen die Blätter einen balsamartigen Geruch. Im Gegensatz dazu haben die Blätter des Löwenzahns eine längliche Form mit tief eingekerbten Rändern.

Wirkung: anregend, antibakteriell, blutstillend, entzündungshemmend, fiebersenkend, schleimlösend sowie allgemeine Kräftigung des Körpers

Verwendung: Tee (unter anderem als prophylaktisches Getränk sehr gut für Frühlingskuren geeignet)

HUNDSROSE (ROSA CANINA)
FAMILIE: ROSENGEWÄCHSE, ROSACEAE

- mehrjährig
- Standort: sonnig, trocken bis frisch
- beste Sammelzeit: September- Oktober
- Sammelgut: Früchte (Hagebutten)
- **Achtung:** Doppelgänger: Stacheldrahtrose (Rosa omeiensis pteracantha)

Besonderheiten: Dieser bis zu 3 m hohe Strauch wächst oft an Waldrändern, Feldrandstreifen, Wegrändern sowie auf Wiesen und an Böschungen. Die Hagebutten weisen enorm viel Vitamin C, Vitamine aus dem B-Komplex und Fruchtsäuren auf. Man schneidet sie am besten längs auf und entfernt dann das aus Härchen und Kernen bestehende Innenleben. Danach kann man die Hagebutten auch trocknen.

Wirkung: antibakteriell, immunsystemstärkend und bei Steinleiden schmerzlindernd

Verwendung: Tee, Frischverzehr, Marmelade, Wein

JOHANNISKRAUT (HYPERICUM PERFORATUM)
FAMILIE: JOHANNISKRAUTGEWÄCHSE, HYPERICACEAE

- mehrjährig
- Standort: trocken und sonnig
- beste Sammelzeit: Juli–August
- Sammelgut: Blüten und obere Stängelbereiche

Besonderheiten: Auf das auch als Tüpfelhartheu bezeichnete Johanniskraut reagieren manche sehr hellhäutigen Menschen bei intensiver Sonneneinstrahlung allergisch (Hartheukrankheit). Gelangen trockene Blüten in eine Flüssigkeit, tritt ein roter Farbstoff aus.

Wirkung: antibakteriell, antidepressiv, antirheumatisch, blutbildend, schlaffördernd und schmerzlindernd

Verwendung: innerlich: Tee und Tinktur; äußerlich: Johanniskrautblüten-Öl (gegen Sonnenbrand und Schmerzen sowie bei schlecht heilenden Wunden)

KLATSCHMOHN (PAPAVER RHOEAS)

FAMILIE: MOHNGEWÄCHSE, PAPAVERACEAE

- ein- bis zweijährig
- Standort: sonnig, trocken–frisch
- beste Sammelzeit: Mai–Juli
- Sammelgut: Blüten, junge Blätter und Früchte

Besonderheiten: Gemeinsam mit der Kornblume gehört der Klatschmohn zu den unerwünschten Pflanzen in Getreide- und Rapsfeldern. Der Geschmack der Blätter erinnert schwach an Gurken und Haselnüsse.

Wirkung: beruhigend, lindert Heiserkeit und Erkältung

Verwendung: Blüten: Tee, Sirup (auch von Kindern gut verträglich), **Blätter und junge Früchte:** (Rohkost)Salate und Gemüse (Zubereitung wie Spinat)

KNOBLAUCHRAUKE (ALLIARIA PETIOLATA)

FAMILIE: KREUZBLÜTLER, BRASSICACEAE

- zwei- bis mehrjährig
- Standort: sonnig – habschattig, frisch–feucht
- beste Sammelzeit: Mai–August
- Sammelgut: Blätter und Blüten
- **Doppelgänger:** Schöllkraut

Besonderheiten: Die Knoblauchrauke hat einen knoblauchähnlich-pfeffrigen Geschmack. Dieser geht allerdings beim Kochen verloren, weshalb man die Pflanze vorzugsweise roh verwenden sollte. Im Jahresverlauf löst die Knoblauchrauke den Bärlauch ab, sobald dessen Blätter zu welken beginnen.

Wirkung: antibakteriell, lindert Husten, Bronchitis und Asthmabeschwerden

Verwendung: Salate, Dressings, Kräuterquark, Frischkäse

KORNBLUME (CYANUS SEGETUM)
FAMILIE: KORBBLÜTLER, ASTERACEAE

- einjährig
- Standort: sonnig , trocken–frisch
- beste Sammelzeit: Juni–August
- Sammelgut: Blüten
- **Doppelgänger:** Wegwarte

Besonderheiten: Ursprünglich war die Kornblume im Mittelmeergebiet zu Hause, von wo aus sie in zahlreiche Regionen der Erde verbreitet wurde. Als Heilpflanze genießt sie seit Langem eine hohe Wertschätzung.

Wirkung: antirheumatisch, blutreinigend, entwässernd, entzündungshemmend, fiebersenkend, nieren- und leberstärkend, hilft bei Akne und schlecht heilenden Wunden

Verwendung: Tee (als Bestandteil für Bäder), Teemischungen, Breifüllung für Kompressen, Tinktur, Gesichtswasser

LÖWENZAHN (TARAXACUM OFFICINALE)
FAMILIE: KORBBLÜTLER, ASTERACEAE

- mehrjährig
- Standort: sonnig, trocken–frisch
- beste Sammelzeit: März–Mai
- Sammelgut: Blüten, junge Blätter
- **Doppelgänger:** Huflattich

Besonderheiten: Obwohl der Löwenzahn bereits seit der Antike als Heilpflanze verwendet wird, erhält er inzwischen nur noch selten die Wertschätzung, die ihm eigentlich noch immer gebühren müsste.

Wirkung: antirheumatisch, blutbildend, blutreinigend, hautreinigend, appetitfördernd, fiebersenkend, fördert die Leber-Gallenfunktionen, kräftigt allgemein den Körper, lindert Menstruationsbeschwerden, hilft bei chronischen Gelenkerkrankungen und Bronchitis

Verwendung: Tee, Tinktur, Frühlingssalate, Gelee und Wein (aus den Blüten)

MUTTERKRAUT (TANACETUM PARTHENIUM)

FAMILIE: KORBBLÜTLER, ASTERACEAE

- mehrjährig
- Standort: sonnig – halbschattig, frisch
- beste Sammelzeit: Mai–September
- Sammelgut: Blüten
- **Doppelgänger:** Kamillen

Besonderheiten: Ursprünglich war Mutterkraut nur im östlichen Mittelmeerraum verbreitet. Später gehörte es zu den typischen Pflanzen der Bauerngärten. Von dort aus begannen in Mitteleuropa zahlreiche Exemplare zu verwildern.

Wirkung: beruhigend, antirheumatisch, entzündungshemmend, fiebersenkend, durchblutungsfördernd, lindert Gicht und Asthma, fördert den Eisprung, lindert Migräne

Verwendung: Tee, Kompressen (in Tee getränkt), Tinktur

ODERMENNIG (AGRIMONIA EUPATORIA)

FAMILIE: ROSENGEWÄCHSE, ROSACEAE

- mehrjährig
- Standort: sonnig, trocken
- beste Sammelzeit: Juni–Juli
- Sammelgut: oberirdische Teile
- **Doppelgänger:** Färber-Resede

Besonderheiten: Der Odermennig wurde bereits in der griechischen Antike und im Mittelalter zur Heilung verschiedener Erkrankungen verwendet. Danach geriet der Odermennig, vielleicht aufgrund seines bitteren Geschmacks, als Heilpflanze ein wenig in Vergessenheit. Er wird auch zum Färben von Wolle eingesetzt.

Wirkung: antirheumatisch, fiebersenkend, entzündungshemmend, appetitanregend, hilft bei allgemeinen Verdauungsbeschwerden sowie bei Gallen-, Leber-, Blasen- und Nierenleiden

Verwendung: Tee (als Getränk und Gurgelmittel)

QUECKE (ELYMUS REPENS)

FAMILIE: SÜSSGRÄSER, POACEAE

- mehrjährig
- Standort: sonnig, trocken–frisch
- beste Sammelzeit: Juli
- Sammelgut: Rhizome des blühenden Krauts
- **Doppelgänger:** Weidelgras-Arten

Besonderheiten: Für viele Gartenfreunde und Landwirte ist die Quecke das „Unkraut" schlechthin. Wenn sich die Quecke in Beeten etabliert hat, sollte man sie auf keinen Fall durch Hacken zu bekämpfen versuchen. Besser ist das Herausziehen der Wurzeln und Rhizome, weil auch aus den kleinsten „Hackbruchstücken" ein neues Exemplar wächst.

Wirkung: blutreinigend, harntreibend, entzündungshemmend, kreislaufstärkend, hautreinigend (hilft gegen Akne), nierenstärkend, stoffwechselaktivierend

Verwendung: Tee, Tinktur, Kompressen (im Tee getränkt)

QUENDEL (THYMUS SERPYLLUM)

FAMILIE: LIPPENBLÜTLER, LAMIACEAE

- mehrjährig
- Standort: sonnig, trocken
- beste Sammelzeit: Juni–August
- Sammelgut: oberirdische Teile
- **Doppelgänger:** Thymian

Besonderheiten: Dieser Halbstrauch wird auch als Feld-, Sand- und Wilder Thymian bezeichnet. Er war bereits in der Antike und im Mittelalter als Heilpflanze beliebt.

Wirkung: antibakteriell, blutstillend, entspannend, hustenstillend, krampflösend, nervenstärkend, schleimlösend, schlaffördernd, lindert Wechseljahrbeschwerden, Gürtelrose und Gesichtsrose, hilft bei schlecht heilenden Wunden

Verwendung: Tee, Kompressen (im Tee getränkt), Tinktur, Gewürz (für Wild, Braten, Suppen, Soßen, Pizzen und Nudelgerichte)

ROSSKASTANIE (AESCULUS HIPPOCASTANUM)

FAMILIE: SEIFENBAUMGEWÄCHSE, SAPINDACEAE

- mehrjährig
- Standort: sonnig, feucht
- beste Sammelzeit: Mai (Blüten); Oktober (Früchte)
- Sammelgut: Blüten, Früchte
- **Doppelgänger:** Esskastanie

Besonderheiten: Im Unterschied zu den Früchten der Esskastanie eignen sich Rosskastanien nicht zum Verzehr. Allerdings werden die Früchte und die Blüten schon lange in der Volksmedizin zur äußerlichen Anwendung genutzt.

Wirkung: antibakteriell, desinfizierend, entzündungshemmend, hautreinigend, krampflösend, schmerzstillend, hilft bei Schwellungen

Verwendung: Blüten und Früchte für Tinkturen (oft ergänzt mit Wacholderbeeren); Salben (aus den Tinkturen), Kompressen (mit Brei aus Blüten), **Blätter** als Badezusatz

SANDDORN (HIPPOPHAE RHAMNOIDES)

FAMILIE: ÖLWEIDENGEWÄCHSE, ELAEAGNACEAE

- mehrjährig
- Standort: sonnig, trocken
- beste Sammelzeit: September–Oktober
- Sammelgut: Früchte
- **Doppelgänger:** Berberitze, Feuerdorn

Besonderheiten: Der Sanddorn ist ein bis 10 m hoch werdender, mit sehr kräftigen Dornen besetzter Strauch. Aufgrund seines enormen Gehaltes an Vitamin C- und B_{12} wird er auch als „Zitrone des Nordens“ bezeichnet. Das Vitamin verleiht den Früchten des Sanddorns den charakteristisch sauren Geschmack.

Wirkung: entzündungshemmend, appetitanregend, hilft bei Erkältungskrankheiten, Akne, Herzschwäche und Durchfall, trägt zur Stärkung des Immunsystems bei, lindert Gichtbeschwerden

Verwendung: Tee, Saft, Rohverzehr, Fruchtsalate, Marmelade

SAUERAMPFER (RUMEX ACETOSA)

FAMILIE: KNÖTERICHGEWÄCHSE, POLYGONACEAE

- mehrjährig
- Standort: sonnig, sehr feucht–nass
- beste Sammelzeit: Mai–Juli
- Sammelgut: Blätter
- **Doppelgänger:** Krauser Ampfer

Besonderheiten: Sauerampfer enthält große Mengen an Vitamin C. Aufgrund seines sehr hohen Oxalsäuregehaltes sollte er – ähnlich wie Rhabarber – weder zu oft, noch in übergroßen Mengen gegessen werden, weil sonst die Bildung von Nieren- und Blasensteinen begünstigt wird. Auf Wiesen und Weiden ist Sauerampfer unerwünscht, weil er dazu neigt, andere Pflanzenarten zu verdrängen.

Wirkung: abschwellend, blutbildend, blutreinigend, fiebersenkend, entwurmend, verdauungsfördernd

Verwendung: Tee, Kompressen, Gemüse (Zubereitung wie Spinat), Würzen von Salaten und Quarkgerichten

SCHAFGARBE (ACHILLEA MILLEFOLIUM)

FAMILIE: KORBBLÜTLER, ASTERACEAE

- mehrjährig
- Standort: sonnig, trocken
- beste Sammelzeit: Juni–September
- Sammelgut: oberirdische Teile
- **Doppelgänger:** Gefleckter Schierling

Besonderheiten: Schafgarbe erfreute sich bereits bei den antiken griechischen Ärzten eines großen Zuspruchs. Regional wird Schafgarbe auch als „Kamille des kleinen Mannes" bezeichnet, obwohl sie noch wirksamer ist.

Wirkung: antirheumatisch, blutreinigend, blutdrucksenkend, blutstillend, entzündungshemmend, hautreinigend, krampflösend, wundheilend, hilft bei Wechseljahr- und Menstruationsbeschwerden, allgemeine Stärkung des Körpers

Verwendung: Tee, Tinkturen, Brei für Kompressen

SCHWARZER HOLUNDER (SAMBUCUS NIGRA)

FAMILIE: MOSCHUSKRAUTGEWÄCHSE, ADOXACEAE

- mehrjährig
- Standort: halbschattig–sonnig, frisch
- beste Sammelzeit: April–Juli
- Sammelgut: Blüten
- **Doppelgänger:** Hirsch-Holunder

Besonderheiten: Es handelt sich um ein bis 10 m hoch werdendes Gehölz, das sowohl strauch- als auch einen baumförmigen Wuchs haben kann. Die Populärbezeichnung leitet sich von den im reifen Stadium doldig zusammenstehenden schwarzen Beerenfrüchten ab. Im Unterschied dazu haben die Früchte des Hirsch-Holunders eine traubenartige Anordnung und sind rot.

Wirkung: blutreinigend, entzündungshemmend, krampflösend, pilztötend, schleimlösend, schweißtreibend

Verwendung: Tee, Gelee, Holundersekt

SOMMERLINDE (TILIA PLATYPHYLLOS) WINTERLINDE (TILIA CORDATA)

FAMILIE: LINDENGEWÄCHSE, TILIACEAE

- mehrjährig
- Standort: sonnig, frisch
- beste Sammelzeit: Juni–Juli
- Sammelgut: Blüten
- **Doppelgänger:** andere Lindenarten und -hybriden

Besonderheiten: Linden können bis zu 1200 Jahre alt werden. In Mitteleuropa blüht die Sommerlinde etwas früher als die Winterlinde. Im Unterschied zur Sommerlinde weisen die Blattunterseiten der Winterlinde an den Verzweigungen ihrer Blattadern kleine rostrote Haarbüschel auf.

Wirkung: appetitanregend, beruhigend, blutdrucksenkend, entspannend, fiebersenkend, krampflösend, schleimlösend, schweißtreibend

Verwendung: Tee, Teemischungen, Liköre, Gelee

STIELEICHE (QUERCUS ROBUR)

FAMILIE: BUCHENGEWÄCHSE, FAGACEAE

- mehrjährig
- Standort: sonnig, frisch–feucht
- beste Sammelzeit: April–September
- Sammelgut: Rinde jüngerer Bäume
- **Doppelgänger:** Traubeneiche

Besonderheiten: Im Unterschied zur Stieleiche ist der Stamm der Traubeneiche schlanker und lässt sich fast bis zum Wipfel verfolgen. Außerdem sind bei der Traubeneiche die Blattstiele deutlich länger als die Stiele der Früchte. Eichenrinde enthält zahlreiche medizinische Gerb- und Bitterstoffe sowie Gallussäuren. Zur medizinischen Anwendung eignen sich die Blätter beider Arten gleichermaßen gut.

Wirkung: antibakteriell, blutstillend, entzündungshemmend und stark zusammenziehend, hilft bei Durchfall

Verwendung: Tee, Tinktur und Badezusatz

SUMPFBLUTAUGE (POTENTILLA PALUSTRIS)

FAMILIE: ROSENGEWÄCHSE, ROSACEAE

- mehrjährig
- Standort: sonnig–halbschattig staunass
- beste Sammelzeit: Mai–Juli
- Sammelgut: Kraut, Wurzel
- **Doppelgänger:** andere Fingerkräuter

Besonderheiten: Bei einem Standort am Ufer neigt das Sumpffingerkraut dazu, zum Wasser zu wachsen, um an der Oberfläche einen schwimmenden Teppich zu bilden. Die Färbung der Blätter kann von grün über blaugrün bis weinrötlich variieren. In manchen Regionen gilt das Sumpfblutauge als Rote-Liste-Art. Hier sollte es am Gartenteich angebaut werden. Während man das Kraut nur im Frühsommer sammeln kann, ist die Entnahme von Wurzel ganzjährig möglich.

Wirkung: blutstillend, entkrampfend, verstopfend, wundheilend

Verwendung: Tee

WACHOLDER (JUNIPERUS COMMUNIS)

FAMILIE: ZYPRESSENGEWÄCHSE, CUPRESSACEAE

- mehrjährig
- Standort: sonnig, trocken
- beste Sammelzeit: August–Oktober
- Sammelgut: Früchte (Beeren), Triebspitzen
- **Doppelgänger:** junge Eiben, Lebensbaum

Besonderheiten: Im Unterschied zu den Früchten werden die Triebspitzen im Mai und Juni geschnitten. Sie eignen sich nur zur äußerlichen Anwendung.

Wirkung: antibakteriell, blutbildend, blutreinigend, harntreibend, schleimlösend, schmerzlindernd, hilft bei Arthritis, Rheuma, Blasenentzündung, Migräne, Menstruationsbeschwerden und Bronchitis

Verwendung: hochkonzentrierter Triebspitzen-Tee für Bäder und Tinkturen, Beeren-Tinktur, Sirup, Fleisch- und Wildmarinaden, Fischsud, Sauerkraut, Pasteten, Suppen, Soßen

WALDERDBEERE (FRAGARIA VESCA)

FAMILIE: ROSENGEWÄCHSE, ROSACEAE

- mehrjährig
- Standort: sonnig– halbschattig, trocken–frisch
- beste Sammelzeit: Mai–Juli
- Sammelgut: Blätter
- **Doppelgänger:** Fingerkraut

Besonderheiten: Trotz der Tatsache, dass die Blätter als Teekraut verwendet werden, enthalten die reifen (leider sehr mühsam zu pflückenden) Früchte deutlich mehr wertvolle Inhaltstoffe, wie etwa Fruchtsäuren, viele Vitamine (insbesondere Vitamin C) sowie Eisen, Kalium, Kalzium, Kupfer, Magnesium, Mangan, Phosphor und Zink.

Wirkung: hilft in geringfügigem Umfang gegen Blasen- und Nierengries, sowie bei Durchfall; wirkt unterstützend bei der Gelbsuchtbehandlung

Verwendung: Teemischungen (als Durstlöscher)

WASSERDOST (EUPATORIUM CANNABINUM)

FAMILIE: KORBBLÜTLER, ASTERACEAE

- mehrjährig
- Standort: sonnig, staunass
- beste Sammelzeit: Juni–August
- Sammelgut: Blüten, Blätter
- **Doppelgänger:** Baldrian

Besonderheiten: Da Wasserdost Pyrrolizidinalkaloide enthält, die bei innerlicher Anwendung Leberschäden verursachen, sollte man ihn nur zur äußerlichen Behandlung nutzen.

Wirkung: belebend, infektionshemmend, hautreinigend, hilft bei geschwollenen, müden Füßen

Verwendung: Flüssigkeit aus gekochtem Wasserdost als Badezusatz, Brei für Kompressen und Gesichtsmasken

WEGWARTE (CICHORIUM INTYBUS)

FAMILIE: KORBBLÜTLER, ASTERACEAE

- mehrjährig
- Standort: sonnig, trocken–frisch
- beste Sammelzeit: Mai–Juni
- Sammelgut: Blätter, Wurzeln
- **Doppelgänger:** Kornblume

Besonderheiten: Die Blätter haben einen leicht bitteren Geschmack, enthalten aber zahlreiche Mineralien. Wer den bitteren Geschmack nicht mag, kann die Blätter anderen Sommersalaten untermischen. Dadurch wird der Bittergeschmack teilweise überdeckt.

Wirkung: gallenflussanregend, cholesterinsenkend, entzündungshemmend, hilft bei Leberproblemen, Stoffwechselschwäche, Kopfschmerzen, Hautunreinheiten

Verwendung: Tee, Tinktur, Zichorienkaffee

WEISSDORN (CRATAEGUS SPP.)

FAMILIE: ROSENGEWÄCHSE, ROSACEAE

- mehrjährig
- Standort: sonnig, trocken–frisch
- beste Sammelzeit: Mai–Juni, Juli–August
- Sammelgut: Blüten, Früchte
- **Doppelgänger:** weitere Weißdorn-Arten

Besonderheiten: In Mitteleuropa kommen der Eingrifflige, Crataegus monogyna, der Zweigrifflige, Crataegus laevigata, und der Großkelchige Weißdorn, Crataegus rhipidophylla, vor, die man alle in der Hausmedizin verwenden kann.

Wirkung: beruhigend, blutdrucksenkend, durchblutungsfördernd und schlaffördernd

Verwendung: Tee, Tinktur

TIPP

„Weißdorn-Arznei" ist sehr bitter. Um den Bittergeschmack zu mildern, kann man die Tinktur vor der Einnahme 1 : 1 mit Wasser verdünnen. Zum Süßen des Tees bietet sich (Linden)Honig an.

WEISSE TAUBNESSEL (LAMIUM ALBUM)

FAMILIE: LIPPENBLÜTLER, LAMIACEAE

- mehrjährig
- Standort: sonnig– halbschattig, feucht
- beste Sammelzeit: April–Juli
- Sammelgut: Blüten, Blatter, Triebspitzen
- **Doppelgänger:** Wolfstrapp, Brennnessel

Besonderheiten: Trotz Ähnlichkeit des Namens sowie im Aussehen sind die Weiße Taubnessel und die Brennnessel nicht näher verwandt. Neben der Weißen eignen sich auch die Gelbe und die Purpurrote Taubnessel in gleicher Weise als Heil- und Küchenkräuter.

Wirkung: antibakteriell, beruhigend, blutreinigend, schleimlösend, fiebersenkend, verdauungsfördernd, lindert Asthma und Bronchitis

Verwendung: Blüten für Tee, Blätter und Triebspitzen für Salate und Gemüselasagne (haben einen feinen Pilzgeschmack)

WILDE MALVE (MALVA SYLVESTRIS)

FAMILIE: MALVENGEWÄCHSE, MALVACEAE

- ein- bis zweijährig
- Standort: sonnig, trocken–frisch
- beste Sammelzeit: Juli–September
- Sammelgut: Blüten, Blätter
- **Doppelgänger:** Wegmalve

Besonderheiten: Ursprünglich war die Wilde Malve nur in Asien und Südeuropa beheimatet. Als Heilpflanze hat sie jedoch eine sehr lange Tradition. Unter anderem berichtet die Bibel, dass Moses einem Fieberkranken Malventee gab. Auch die antiken Gelehrten Dioskurides und Plinius kannten bereits die schleimlösenden, reizmildernden Eigenschaften der Malve.

Wirkung: entzündungshemmend, wundheilend, fiebersenkend, hilft bei Bronchitis und Halsschmerzen

Verwendung: Tee, mit Brei gefüllten Kompressen. **Blätter** für Salate, Gemüse, Soßen und Suppen, **Blüten** für Desserts und Sirup

WUNDKLEE (ANTHYLLIS VULNERARIA)

FAMILIE: HÜLSENFRÜCHTLER, FABACEAE

- mehrjährig
- Standort: sonnig, trocken
- beste Sammelzeit: Juni–August
- Sammelgut: oberirische Teile
- **Doppelgänger:** Hornklee

Besonderheiten: Weitere Bezeichnungen sind Echter, Gemeiner sowie Gewöhnlicher Wundklee und Tannenklee. Er gehört zu den sogenannten Leguminosen, die in Symbiose mit nützlichen Bakterien leben, welche den Stickstoff aus der Luft binden und für höhere Pflanzen verfügbar machen.

Wirkung: antibakteriell, blutreinigend, hustenstillend, magenstärkend, sehr gut wundheilend, hilft bei Lippenherpes und Zerrungen

Verwendung: Tee, Ölauszug, Salben, frische Blüten als Salat

REZEPTE AUS KÜCHE, HAUSMEDIZIN UND NATUR-KOSMETIK

AUS DER TEESTUBE

Bei der Zubereitung der meisten Tees sollte man die Pflanzenteile nicht in kochendes Wasser geben, da sonst Teile des Aromas verloren gehen können. Stattdessen diese in eine Kanne oder Tasse geben und dann mit kochendem Wasser aufbrühen.

BLÜTENKRAFT

ZUTATEN

100 g frische Zitronenmelisse

1 EL frische Malvenblüten

1 EL frische Kornblumenblüten

1 EL frische Ringelblumenblüten

1 EL frische Gänseblümchenblüten

1 EL junge frische Rosenblätter

1 l kochendes Wasser

Ziehzeit: 5 Minuten

HEISSER TIPP

Zum Süßen verwendeter Akazienhonig unterstreicht die geschmackliche Komposition hervorragend.

VERWÖHN-TEE

ZUTATEN

40 g frische junge Brennnesseln

1 gehäufter EL frische Gänse-blümchenblüten

1 gehäufter EL Ringelblumenblüten

1 gestrichener EL Stiefmütterchen-blätter

1 l kochendes Wasser

Ziehzeit: 10 Minuten

HINWEIS

Mit dieser Teemischung können Sie sich und Ihre Haut verwöhnen und gleichzeitig Ihren Stoffwechsel mobilisieren.

WALDGEIST

ZUTATEN

50 g frische Fichtentriebspitzen (Maitriebe)

100 g ein wenig angewelkter Waldmeister

50 g Brombeerblätter

50 g Himbeerblätter

50 g Walderdbeerblätter

1 l kochendes Wasser

Ziehzeit: 15 Minuten

HEISSER TIPP

Die idealen Süßungsmittel für diesen Tee sind Fichtensirup und Tannenhonig.

GREEN SMOOTHIE

Durch den regelmäßigen Verzehr vor allem von grünen Smoothies geschieht oft eine Art „Aufwachen“, man wird klarer, und die Geschmacksnerven werden sensibler. Hier kommt ein toller, gesunder Smoothie mit Apfel, Gemüse und Petersilie. Dieser Drink weckt die Lebensgeister.

ZUTATEN

1 Stange Sellerie

80 g Gurke

60 g frische Petersilie

etwas frische Minze

50 g Brokkoli, roh

1 Apfel

300 ml Wasser

Süßen nach Bedarf mit Honig

ZUBEREITUNG

1. Das Gemüse in kleine Stücke schneiden und die Kräuter klein hacken.
2. Alle Zutaten in einem Standmixer oder mit einem Pürierstab pürieren.
3. Und fertig: Dieser gesunde Smootie ist eine optimale Ergänzung zum Frühstück und der perfekte Snack für zwischendurch!

TIPP

Für eine Extraportion Eiweiß noch 1 TL Spirulina- oder Chlorellapulver hinzufügen.

ZWEIERLEI PESTO

Unter den Rezepten mit Kräutern ist Pesto natürlich der Klassiker. Das Basilikum-Pesto schmeckt prima zu Pasta oder zu frischem Brot. Auch Süßspeisen lassen sich mit Pesto verfeinern: Das Minz-Pesto passt fantastisch zu Vanilleeis oder frischen Erdbeeren.

ZUTATEN

Für je 250 ml

Basilikum-Pesto

30 g Pinienkerne

100 g Basilikum

1 Knoblauchzehe

100 ml Olivenöl

20 g geriebener Parmesan

Salz, Pfeffer

Minz-Pesto

35 g Cashewkerne

80 g Pfefferminze

50 ml Walnussöl

80 ml Pflanzenöl

25 g weiße Schokolade

ZUBEREITUNG

Basilikum-Pesto

1. Zu Beginn die Pinienkerne bei mittlerer Hitze goldgelb anrösten und anschließend wieder abkühlen lassen. In der Zwischenzeit die Basilikumblätter von den Stängeln zupfen und die Knoblauchzehe pellen.
2. Nun den Basilikum mit den Pinienkernen, dem Knoblauch und dem Olivenöl fein pürieren.
3. Zum Schluss den Parmesan fein reiben und gut mit dem Pesto verrühren. Jetzt nur noch mit Salz und Pfeffer abschmecken.
4. Schmeckt prima zu Pasta oder einfach zu frischem Brot.

Minz-Pesto

1. Als Erstes die Cashewkerne bei mittlerer Hitze goldgelb anrösten und wieder abkühlen lassen. In der Zwischenzeit die Minzblätter von den Stängeln zupfen.
2. Die Minzblätter zusammen mit den Cashewkernen und den beiden Ölen fein pürieren.
3. Zum Schluss die weiße Schokolade fein reiben und gut mit dem Pesto verrühren.
4. Passt fantastisch zu Vanilleeis oder frischen Erdbeeren.

KÜCHENTIPPS

Beide Pestos schmecken intensiver, wenn ihr kurz vorm Servieren einen Spritzer Zitronensaft unterrührt. Darauf achten, die Kräuter mit dem Olivenöl nicht zu lange zu pürieren, da das Pesto sonst bitter und grau werden kann.

WILDKRÄUTERÖL

Mit Kräuterölen lassen sich Salate, Pizzen, Saucen und Co. prima verfeinern. Die Kräuter dafür findet man nicht nur im eigenen Garten – auch Wildkräuter eigenen sich hervorragend für die verschiedensten Kräuteröle.

ZUTATEN

25 g junge Löwenzahnblätter

25 g junge Brennnesseln

25 g junge Sauerampferblätter

25 g Spitzwegerichblätter

25 g Gänseblümchenblüten

25 g Taubnesselblätter

1 l Raps- oder Sonnenblumenöl

ZUBEREITUNG

1. Die Kräuter gut waschen und mit einem Küchentuch so lange trocken tupfen, bis keine Feuchtigkeit mehr an ihnen haftet. Danach die Kräuter mischen und auf weithalsige verschließbare Flaschen verteilen, welche anschließend mit dem Öl aufgefüllt werden.
2. Die Flaschen bei Zimmertemperatur etwa 4 Wochen stehen lassen. Dann den Ansatz durch ein sehr feinmaschiges Sieb gießen und das aufgefangene Öl am besten in dekorative Gefäße umfüllen.

TIPP

Wem das Kräuteröl in Ansatz-Flaschen zusagt, kann auf das Umfüllen verzichten. Selbstverständlich ist es auch möglich, Kräuteröle aus einem Gemisch von Garten- und Wildkräutern herzustellen.

WILDKRÄUTERSALAT

Schon einmal Brennnessel, Löwenzahn oder Gänseblümchen probiert? In einem Wildkräutersalat bleibt der Geschmack der verschiedenen Kräuter wunderbar erhalten. Die Gänseblümchen verleihen dem Salat zudem einen wunderschönen dekorativen Aspekt.

ZUTATEN

Löwenzahnblätter
von etwa 20 Löwenzahnpflanzen

2 Handvoll junge Brennnesseln

1 Handvoll Gundermann

1 Tasse Gänseblümchenblüten

1 Zwiebel

2 Knoblauchzehen

½ gestrichener TL Salz

⅕ gestrichener TL Pfeffer

6 EL Kräuteressig

3 EL Olivenöl

1 Prise Zucker

1 großes Bund Schnittlauch

1 Bund Petersilie

1 Becher Magerjoghurt

ZUBEREITUNG

1. Die Brennnesseln in einem sauberen Tuch zerdrücken, damit die Brennhärchen ihre Wirkung verlieren. Anschließend zusammen mit den anderen Kräutern waschen, abtropfen lassen, klein schneiden und in eine Schüssel geben.
2. Die Zwiebel und den Knoblauch schälen, in kleine Stücke hacken und zu den Kräutern geben.
3. Anschließend alle restlichen Zutaten hinzufügen, den Salat durchmischen und 30 Minuten durchziehen lassen. Vor dem Servieren gegebenenfalls noch mit etwas Salz und Pfeffer nachwürzen.

TIPP

Manche Wildkräuter, darunter auch der Löwenzahn, enthalten einige Bitterstoffe in ihren Blättern. Dieser Bittergeschmack lässt sich minimieren, indem man die Blätter etwa 24 Stunden vor der Zubereitung in Wasser legt. Die Blätter geben dabei einen Teil ihrer Bitterstoffe an das Wasser ab.

BASILIKUM-MALFATTI MIT RICOTTA UND SALBEIBUTTER

In Salbeibutter geschwenkt und mit Parmesan garniert, schmecken die Ricotta-Klößchen aus der Lombardei hervorragend. Dieses Rezept erfreut jeden Fan der wunderbaren italienischen Küche!

ZUTATEN

Für 4 Portionen

1 kleine Zwiebel

1 Knoblauchzehe

2 EL Olivenöl

ca. 100 g Basilikum

250 g Ricotta

2 Eier

2 Eigelb

250 g Semola-Mehl

100 g geriebener Parmesan

Salz, Pfeffer

Muskatnuss

100 g Butter

Salbeiblätter

1 EL Paniermehl oder gemahlene Nüsse

Parmesan zum Garnieren

ZUBEREITUNG

1. Zu Beginn die Zwiebel und den Knoblauch pellen und in feine Würfel schneiden. In etwas Olivenöl glasig dünsten, den Basilikum unterrühren und abkühlen lassen.
2. Die Basilikummischung mit 2 Esslöffeln Ricotta pürieren, dann den restlichen Ricotta zugeben. Die Eier und die Eigelbe sowie das Semola-Mehl unterrühren.
3. Mit geriebenem Parmesan, Salz, Pfeffer und etwas geriebener Muskatnuss abschmecken. Die Masse 15 Minuten ruhen lassen.
4. Für die Malfatti den Teig mit zwei Esslöffeln zu Nocken abstechen und direkt in siedendes Salzwasser geben. Etwa 5 Minuten köcheln lassen, bis sie an der Oberfläche schwimmen.
5. In der Zwischenzeit die Butter in einer Pfanne aufschäumen lassen, ein paar Salbeiblätter dazugeben und die Butter bräunen. Dann mit etwas Paniermehl oder gemahlenen Nüssen binden und vom Herd nehmen.
6. Die fertigen Malfatti vorsichtig in der Butter schwenken und mit weiterem frisch geriebenem Parmesan servieren.

TIPPS

Die Malfatti gelingen auch mit anderen Kräutern (z. B. Bärlauch), Spinat oder auch Rucola.

BUTTER UND AIOLI MIT KRÄUTERN UND BLÜTEN

Eine selbst gemachte Kräuterbutter darf natürlich auf keiner Gartenfeier fehlen! Ob klassisch oder mit Blüten – diese zwei Rezepte erfreuen sicher jeden Gast. Das Estragon-Aioli kann als Soße für alle möglichen Grillspezialitäten verwendet werden.

ZUTATEN

Für ca. 200 g

Blütenbutter

250 g Butter

1 TL Abrieb einer unbehandelten Zitrone

2 EL getrocknete Blüten (z. B. Rosen, Ringelblumen, Lavendel)

5 g Fleur de Sel

Kräuterbutter

250 g Butter, 1 Schalotte

1 Knoblauchzehe

1 EL Olivenöl

100 g Kräuter (Estragon, Petersilie, Schnittlauch, Kerbel)

½ unbehandelte Zitrone

1 TL Worcestershire-Soße

1 TL Salz, etwas Pfeffer

Estragon-Aioli

1 Knoblauchzehe

200 ml Keimöl, 1 Eigelb

1 TL Senf, 1 EL Zitronensaft

2 EL Estragon

1 EL Crème fraîche

Salz, Pfeffer

ZUBEREITUNG

Blütenbutter

1. Die Butter auf Zimmertemperatur erwärmen und mit etwas Zitronenabrieb verrühren. Dann die getrockneten Blüten und das Fleur de Sel unterheben.
2. Die Blütenbutter wieder als Päckchen oder als Rolle, in Pergamentpapier eingepackt, im Kühlschrank fest werden lassen.

Kräuterbutter

1. Die Butter auf Zimmertemperatur erwärmen.
2. Die Schalotte sowie den Knoblauch pellen und in sehr feine Würfel schneiden. Beides in dem Olivenöl glasig dünsten und zu der Butter geben.
3. Die Kräuter fein hacken und gut mit der Butter verrühren. Mit dem Abrieb sowie dem Saft der halben Zitrone und der Worcestershire-Soße verfeinern und mit Salz und Pfeffer abschmecken.
4. Die Butter als Päckchen oder als Rolle, in Pergamentpapier eingepackt, im Kühlschrank fest werden lassen.

Estragon-Aioli

1. Den Knoblauch pellen und mit dem Keimöl fein pürieren.
2. Das Eigelb mit Senf und Zitronensaft vermischen. Dann das Knoblauch-Keimöl unter ständigem Rühren tröpfchenweise zu dem Eigemisch zugießen, sodass eine Emulsion entsteht.
3. Zum Schluss mit fein gehacktem Estragon und der Crème fraîche verfeinern. Mit Salz und Pfeffer abschmecken.

GURKENSALAT

Ein knackiger Gurkensalat ist eine feine Sache. Man braucht nur wenige Zutaten, und schon hat man eine erfrischende Beilage. Mit Halloumi oder Falafeln wird daraus eine vollwertige Mahlzeit. Reichhaltig wird der Gurkensalat durch die würzigen Kichererbsen und den kräftigen Feta.

ZUTATEN

Für 4 Personen

1 TL Kokosöl

200 g Kichererbsen (Glas)

1 EL Sojasoße

¼ TL Cayennepfeffer

1 kg gemischte Bio-Gurken (Landgurken, kleine Gurken, Salatgurken)

70 g Joghurt

1 TL Salz

Saft und abgeriebene Schale von 1 Bio-Limette

frisch gemahlener schwarzer Pfeffer

½ Bund Dill

½ Bund Minze

1 EL Senfsamen

150 g Feta

ZUBEREITUNG

1. Das Kokosöl in einer Pfanne erhitzen und die Kichererbsen darin von allen Seiten anschwitzen. Die Sojasoße hinzufügen und unter gelegentlichem Rühren bei mittlerer Hitze einköcheln lassen. Kichererbsen mit Cayennepfeffer würzen und abkühlen lassen.
2. In der Zwischenzeit die Gurken waschen, trocken tupfen und ungeschält in dünne Scheiben schneiden. Den Joghurt in eine große Schüssel geben und mit Salz, Limettensaft und -schale sowie etwas Pfeffer abschmecken.
3. Dill und Minze waschen und trocken schütteln, die Minzblätter von den Stielen abzupfen. Die Kräuter fein hacken. Kräuter, Gurkenscheiben und Kichererbsen zum Joghurt geben.
4. Die Senfsamen im Mörser grob zerstoßen, den Feta mit den Händen zerkrümeln. Den Gurkensalat in einer großen Schale anrichten, die Senfsamen darüberstreuen, den Feta über den Salat geben und servieren.

PFEFFRIGE BROMBEER-THYMIAN-MARMELADE

Diese Marmelade ist vielseitig einsetzbar und auch allein auf einem Brot sehr lecker. Man kann sie außerdem zum Füllen von Plätzchen oder als aufregenden Dip für würzigen Käse verwenden. Sogar zu Fleischgerichten passt solch eine Marmelade unglaublich gut.

ZUTATEN

Für 1 Glas à 350 g

350 g frische Brombeeren

200 g Zucker

2 EL frisch gepresster Zitronensaft

3 Zweige Thymian

Salz

1 TL frisch gemahlener schwarzer Pfeffer

ZUBEREITUNG

1. Die Brombeeren waschen und zusammen mit dem Zucker und dem Zitronensaft einmal aufkochen lassen. Umrühren und dann ungefähr 15 Minuten sanft köcheln lassen.
2. Kurz vor Ende der Kochzeit die Thymianblättchen entgegen der Wuchsrichtung von den Zweigen streifen und unter die Marmelade rühren.
3. Die Marmelade nun noch mit 1 Prise Salz und dem Pfeffer ein wenig würzen und dann zu Croissants, Weißbrot oder Käse genießen.

TINKTUREN

Tinkturen lassen sich recht einfach selbst herstellen. Dabei handelt es sich um Auszüge, deren Herstellung aus getrockneten oder frischen Pflanzenteilen erfolgt. Als Extraktionsmittel verwendet man vorzugsweise sehr hochprozentiges Ethanol, welches auch als Ethylalkohol oder umgangssprachlich nur als Alkohol bezeichnet wird. Plant man, die Tinktur innerlich anzuwenden, darf der Alkohol nicht vergällt sein.

Falls man kein höherprozentiges Ethanol verwenden möchte, lässt sich eine Tinktur auch aus einem klaren, nicht aromatisierten Schnaps, wie etwa Doppelkorn oder Wodka herstellen. Allerdings gilt es dann zu beachten, dass frische, saftige Pflanzenteile den Alkoholgehalt in der Tinktur mitunter stark absinken lassen und deshalb deren Haltbarkeit sehr begrenzt ist.

WEISSDORN-TINKTUR

ZUTATEN

1 Handvoll frische, gut ausgereifte Weißdornfrüchte

etwa 300–350 ml 40%iges Ethanol (alternativ 38%iger klaren Schnaps)

ZUBEREITUNG

1. Die Früchte werden in lockerer Schichtung in ein 500 g-Schraubglas gefüllt und anschließend so viel Ethanol darübergegossen, bis das Glas fast randvoll ist.
2. Danach verschließt man das Glas und lässt den Ansatz mindestens 2 Wochen an einem warmen Platz (beispielsweise auf dem Küchenschrank) ziehen. Einmal wöchentlich schüttelt man den Ansatz gut durch.
3. Nach dieser Zeit gießt man den Ansatz durch eine Kaffeefiltertüte und füllt die aufgefangene Tinktur in eine dunkle, verschließbare Flasche, deren Lagerung möglichst kühl und dunkel erfolgt.

ANWENDUNG

Zur Kräftigung des Herzens: täglich 2- bis 3 mal einen halben TL einnehmen

FICHTENNADEL-TINKTUR

ZUTATEN

2 Händevoll frische junge Fichten- oder Tannentriebe (Maitriebe)

ca. 250–300 ml mindestens 70%iges Ethanol (alternativ 32–38%iger klaren Schnaps)

ZUBEREITUNG

Die Triebspitzen werden in lockerer Schichtung in ein Schraubglas gefüllt und anschließend so viel Ethanol darübergegossen, bis das Glas fast randvoll ist.

Danach verschließt man das Glas und lässt den Ansatz mindestens 2 Wochen an einem warmen Platz (beispielsweise auf dem Küchenschrank) ziehen. Einmal wöchentlich schüttelt man den Ansatz gut durch.

Nach dieser Zeit gießt man den Ansatz durch eine Kaffeefiltertüte und füllt die aufgefangene Tinktur in eine dunkle, verschließbare Flasche, deren Lagerung möglichst kühl und dunkel erfolgt.

ANWENDUNG

Bei Arthritis, Ischialgien, Muskelzerrungen und Muskelkater sowie Neuralgien: die betreffenden Körperbereiche mit der Tinktur 2- bis 3 mal täglich einreiben

Erkältung: täglich 2- bis 3 mal einen TL voll einnehmen

Bei Entzündungen des Mund-Rachen-Halsraums: Dazu täglich mehrmals mit verdünnter Tinktur Spülungen durchführen. Zu diesem Zweck gibt man 35 ml der Tinktur in 200 ml lauwarmen Kamillentee.

ACHTUNG

Bei Keuchhusten, Krampfhusten und Asthma sollte man auf eine Behandlung mit dieser Tinktur verzichten, weil sie dann krampfverstärkend wirkt.

RINGELBLUMENSALBE

Die Ringelblumensalbe sollte in keiner klassichen Hausapotheke fehlen. Sie gilt als eines der besten Hausmittel gegen viele Hautbeschwerden. Die Inhaltsstoffe der Ringelblumen wirken vor allem entzündungshemmend, abschwellend und wundheilungsfördernd.

ZUTATEN

250 g Melkfett

50–70 g frisch aus den Blütenkörben von Ringelblumen gezupfte Zungenblüten (alternativ 20 g getrocknete Zungenblüten)

HILFT BEI

Quetschungen, Zerrungen, Hämörrhoiden, schlecht heilenden Wunden, Sonnenbrand, trockener Haut, verhornter Haut, spröder Hautpartien und Entzündungen des Nagelbetts

ZUBEREITUNG

1. Das Schmalz in einem Topf erhitzen, bis es sich vollständig verflüssigt hat.
2. Die Pflanzenteile dazugeben und das Ganze etwa 30 Minuten köcheln lassen. Anschließend nimmt man den Ansatz vom Herd und stellt ihn etwa 24 Stunden in einen kühlen Raum.
3. Nach dieser Zeit wird der Salbenansatz erneut so lange erhitzt, bis er sich erneut verflüssigt. Danach gießt man ihn durch ein Haarsieb, um die Pflanzenteile herauszufiltern. Die aufgefangene Flüssigkeit gibt man in kleine Keramikgefäße, in denen sie abkühlen und aushärten kann. Wer die Salbe längerfristig aufbewahren möchte, sollte sie nach dem Aushärten im Kühlschrank lagern.

KAMILLEN-DAMPFBAD

Dies ist kein Bad im eigentlichen Sinne. Stattdessen werden die Wasserdämpfe mit den darin enthaltenen heilenden Substanzen inhaliert. Das Kamillen-Dampfbad wirkt schleimlösend und entzündungshemmend. Außerdem regt es die Durchblutung an.

ZUTATEN

2 gehäufte EL frische oder getrocknete Kamillenblüten

1 l Wasser

HILFT BEI

Bronchitis und Erkältungskrankheiten. Außerdem hilft die Kamille, die Schmerzintensität des dabei häufig auftretenden stechenden Hustens zu reduzieren.

ZUBEREITUNG

1. Die Kamillenblüten in eine Schüssel geben und das Wasser zum Kochen bringen.
2. Das kochende Wasser über die Kamillenblüten gießen.

ANWENDUNG

In bequemer Sitzhaltung den mit einem Handtuch zeltartig bedeckten Kopf über den Topf beugen, sodass kein Dampf nach außen entweicht. Den Dampf dann 8–10 Minuuten lang durch Mund und Nase einatmen. Anschließend empfiehlt sich mindestens eine halbe Stunde Ruhe.

KRÄUTER-FUSSPEELING

Im Sommer brauchen unsere Füße eine Extraportion Liebe. Vor allem, wer barfuß laufen liebt, kann hiermit seinen Füßen etwas Gutes tun. Dieser Scrub zaubert samtweiche, sandalentaugliche Pfötchen und wirkt dazu noch desodorierend.

ZUTATEN

Für 1 Glas á 150 ml

10 Zweige Rosmarin

5 Zweige Thymian

20 Minzblätter

10 Salbeiblätter

80 g Meersalz, fein

20 g Backsoda (Natron)

30 ml Arganöl

15 ml Avocadoöl

trockene, strapazierte Füße

8 Stunden trocknen lassen + 5 Minuten

6 Monate

ZUBEREITUNG

1. Die frisch gesammelten Kräuter über Nacht auf einem Stück Küchenpapier antrocknen lassen.
2. Rosmarinnadeln und Thymianblättchen von den Zweigen zupfen und alle Kräuter grob hacken. In den Mixer geben, Meersalz und Natron hinzufügen und alles zu einem feinen Pulver zerkleinern.
3. Das Öl hinzugeben und alles sorgfältig vermischen, bevor der Scrub in ein Glas umgefüllt wird.

ANWENDUNG

Nach einem Fußbad nehmen Sie eine walnussgroße Menge Peeling und massieren es mit kreisenden Bewegungen in die noch feuchte Haut ein. Lassen Sie das Peeling kurz einwirken und brausen Sie anschließend die restlichen Salzkörner nur kurz mit lauwarmem Wasser ab. Tupfen Sie die Füße mit einem Handtuch trocken.

SKIN FOOD – AVOCADO

Avocados sind zurzeit der Beautyrenner – auf Instagram ist gefühlt jeder dritte Post ein Avocadotoast! Reich an Vitaminen, Phytosterolen, Antioxidanzien und gesunden Fetten wirkt Avocado sowohl von innen als auch von außen. Für einen pflegenden Hand- & Fuß-Scrub nehmen Sie ½ reife Avocado, 2 TL Honig, 1 EL Meersalz und 1 EL Kokosöl und verarbeiten alles mit einem Pürierstab zu einer cremigen Masse. Gut einmassieren, dann mit lauwarmem Wasser abbrausen.

BLÜTENTEE-BAD

Baden mit Blütentee ist ein großes Vergnügen und sehr verführerisch. Nachteilig ist, dass die Blüten den Abfluss verstopfen und am Körper hängen bleiben. Tipp: Packen Sie die Blüten in einen Teebeutel oder ein Tütchen aus Musselin!

ZUTATEN

Für 5 große Papierteefilter

3 EL Kakaobutter, fein gerieben

12 g Lavendelblüten

4 g Hopfen

4 g Melissenblätter

10 g Rosenblütenblätter

8–10 g Kamillenblüten

25 Wacholderbeeren

3 Tropfen ätherisches Lavendelöl

1 Tropfen ätherisches Sandelholzöl

1 Tropfen ätherisches Wacholderbeerenöl

alle Hauttypen

10 Minuten

1 Jahr

ZUBEREITUNG

1. Legen Sie ein Stück Kakaobutter etwa 10 Minuten in den Gefrierschrank, bis es hart genug ist, um es fein reiben zu können. Wiegen Sie die Blüten ab und mischen Sie sie mit den Wacholderbeeren in einer großen Glasschale. Geben Sie die ätherischen Öle dazu.
2. Reiben Sie die gefrorene Kakaobutter fein und geben Sie 3 EL davon zu der Blütenmischung. Mischen Sie alles sorgfältig durch.
3. Füllen Sie die Mischung in fünf große Papierteefilter und verschließen Sie diese mit der Nähmaschine oder per Hand.

ANWENDUNG

Am besten ist es, den Beutel in eine Schüssel zu geben und mit kochendem Wasser zu übergießen. 5–10 Minuten ziehen lassen und dann den entspannenden Teesud in das heiße Badewasser geben. Sie können den Beutel auch direkt in das heiße Badewasser legen.

VARIANTEN

Soothing Skin Tea – auch für empfindliche und gereizte Haut: 10 g Arnikablüten, 10 g Calendulablüten, 5 g Kamillenblüten, 150 g Totes-Meer-Salz

Rose Bud Tea: 15 g getrocknete Rosenblätter, 300 g Epsomsalz, 5 Tropfen ätherisches Rosenöl, 2 Tropfen ätherisches Jasminöl, 3 EL Kakaobutter, gerieben

RINGELBLUMENÖL

Gibt es etwas Schöneres für unsere Haut als ein sanftes Blütenöl, hergestellt mit pflegender Calendula, Johanniskraut oder Kamille, die so wunderbar beruhigend wirkt? Dieses Öl kann pur als Kur verwendet werden oder als weitere Zutat in Cremes und Co.

ZUTATEN FÜR 2 FLASCHEN MIT JE 100 ML

8 g getrocknete Calendulablüten

220 ml Mandelöl

alle Hauttypen, speziell für empfindliche Haut

20 Minuten
+ 2 Wochen Ruhezeit

9 Monate

ZUBEREITUNG

1. Füllen Sie die Calendulablüten in ein sauberes und trockenes Glas. Bedecken Sie die Blüten mit dem Mandelöl. Rühren Sie gut mit einem Löffel um und drücken Sie die Blüten mit dem Löffel nach unten. Sorgen Sie dafür, dass alle Blütenteile gut mit Öl bedeckt sind.
2. Das Glas stellen Sie mit Deckel 2 Wochen an einen ruhigen Ort. Überprüfen Sie das Öl regelmäßig auf Geruch und Aussehen und schwenken Sie das Glas mehrmals täglich hin und her.
3. Filtern Sie die Blüten mit einem feinmaschigen Metallsieb ab. Lassen Sie das Öl 1 Tag stehen und sieben Sie eventuelle Blütenreste und Sedimente mithilfe eines Papierteefilters ab. Füllen Sie das Öl in zwei Flaschen ab.

ANWENDUNG:

Tragen Sie das Öl auf die gereinigte Haut auf, es ist eine Wohltat für gereizte Haut und nach dem Sonnenbaden. Das Öl ist auch für zarte Babyhaut geeignet!

VARIANTEN

Sommerlich: 6 g getrocknete Kamillenblüten, 4 g getrocknete Calendulablüten

Beruhigend: 1 Tasse frisch gesammelte Johanniskrautblüten

Straffend: 50 ml Borretschsamenöl, 50 ml Macadamianussöl, 100 ml ungeröstetes Arganöl, etwa ½ Handvoll frischer Rotklee, 5 frische Holunderblüten, etwa ½ Handvoll frische Birkenblätter, klein geschnitten

TANNENÖL

Ein wunderbares Öl, das die trockene Winterhaut zart umhüllt und herrlich nach Wald riechen lässt. Es belebt müde Muskeln und ist ideal nach dem Sport! Olivenöl ist ein hervorragendes Auszugsöl, da es Wirkstoffe gut aus Pflanzen ziehen kann.

ZUTATEN FÜR EINE FLASCHE MIT 200 ML

6 kleine Tannenzweige

100 ml Olivenöl

15 Wacholderbeeren

100 ml ungeröstetes Haselnussöl

alle Hauttypen, speziell für trockene Haut

45 Minuten
+ 12 Stunden Ruhezeit

1 Jahr

ZUBEREITUNG

1. Sammeln Sie kleine Tannenzweige im Wald oder Garten. Geben Sie Olivenöl, Tannenzweige und Wacholderbeeren in eine hitzefeste Schüssel und erwärmen Sie die Mischung im Wasserbad für 30 Minuten. Rühren Sie immer wieder um und überprüfen Sie die Wassermenge im Topf.
2. Nach 30 Minuten schalten Sie die Herdplatte ab und lassen Zweige und Beeren zugedeckt über Nacht im Öl ziehen. Legen Sie ein Stück Küchenpapier zwischen Schüssel und Deckel, um die Feuchtigkeit zu binden.
3. Filtern Sie Zweige und Beeren mithilfe eines Papierteefilters ab. Geben Sie nach und nach das Haselnussöl dazu, rühren Sie alles um und füllen Sie das zauberhaft duftende Öl in eine schöne Flasche.
4. Schließen Sie kurz die Augen und genießen Sie das wunderbare Aroma.

ANWENDUNG

Als Beimischung in selbst gemachten Cremes, als Badeöl mit etwas Honig verfeinert, als Körperöl … Es gibt viele wohltuende Anwendungen für dieses Öl.

VARIANTEN

Muskelöl: 5 kleine Tannenzweige, 2 TL Rosmarinnadeln, 3 TL Thymian

Weihnachtsöl: 5 kleine Tannenzweige, 1 Zimtstange, 1 EL Kardamomsamen, ½ TL Gewürznelken

BADESALZ MIT BLÜTEN

Fangen Sie den Sommer ein und speichern Sie ihn in Gläsern! Sammeln Sie frische Blüten und stellen Sie wunderbar duftende Bäder her – dann können Sie im Winter in der Wanne liegen und von lauen Sommerabenden träumen.

ZUTATEN FÜR 2 GLÄSER À 500 ML

Blüten von 30 Wildrosen oder 10 Gartenrosen

Blüten von 10 Ringelblumen

Blüten von 10 Kornblumen

Blüten von 15 Stängeln Lavendel

1 kg Meersalz

alle Hauttypen

8 Stunden trocknen lassen + 5 Minuten + 2 Wochen Ruhezeit

12 Monate

ZUBEREITUNG

1. Sammeln Sie frische Blüten und legen Sie sie 6–8 Stunden oder über Nacht zum Antrocknen auf Küchenpapier.
2. Schichten Sie das Salz und die Blüten in 2 schöne Gläser. Verschließen Sie sie sorgfältig und lassen Sie sie 2 Wochen an einem ruhigen Ort stehen.

ANWENDUNG

Für ein Vollbad lösen Sie 3 Handvoll Badesalz im Wasser auf, für ein Fußbad genügt 1 Handvoll.

FRISCH AUS DEM GARTEN

Sie können unterschiedliche Kräuter und Blüten verwenden. Besonders schön duften Rosen-, Rotklee-, Lavendel-, Holunder-, Linden- und Veilchenblüten, eine spannende Note geben Kräuter wie Rosmarin, Salbei, Thymian oder Minze. Für einen Frischekick verwenden Sie Blätter von Minze oder Zitronenverbene. Ich achte darauf, auch dem Auge etwas zu bieten, und gebe Blüten hinzu, die nicht so stark duften, aber wunderschöne Farben haben, z. B. Kornblumen und Pfingstrosen. Wenn Sie keine Möglichkeit haben, frische Blüten zu sammeln, können Sie auch getrocknete verwenden. Ein rosa Badesalz erhalten Sie, wenn Sie Himalayasalz und Rosenblütenblätter oder Rosenknospen verwenden. Neben Kräutern und Blüten können Sie auch geriebene Zitronen- und Orangenschale verwenden, sie geben dem Badesalz Zitrusnoten.

PUDRIGES KÖRPERÖL

Nutzen Sie die Artenvielfalt des Sommers und stellen Sie wunderschöne Blütenöle her. Erdiger Lavendel und pudrige Rose ergänzen den holzigen Duft der Arnikablüten.

ZUTATEN FÜR 2–3 FLASCHEN À 100 ML

½ Tasse Lavendelblüten

½ Tasse Rosenblütenblätter oder Rosenknospen

½ Tasse Arnikablüten

300–400 g Mandelöl

alle Hauttypen, besonders trockene, gestresste oder reife Haut

8 Stunden trocknen
+ 5 Minuten
+ 2 Wochen Ruhezeit

3–6 Monate

ZUBEREITUNG

1. Lassen Sie die Blüten über Nacht auf Küchenpapier antrocknen.
2. Zerkleinern Sie die Blüten grob mit einem Küchenmesser. Dann geben Sie sie in ein trockenes Glas und bedecken sie komplett mit dem Öl. Drücken Sie die Blüten dabei mit einem Löffel nach unten. Es ist wichtig, dass keine Pflanzenteile herausragen, die Blüten müssen vollständig bedeckt sein. Verschließen Sie das Glas sorgfältig und stellen Sie es an einen ruhigen Ort.
3. Schwenken Sie das Glas mehrmals täglich.
4. Nach 2 Wochen hat das Öl den Geruch der Blüten angenommen. Filtern Sie nun die Blüten heraus, am besten mit einem Teefilter, und füllen Sie das Öl zur Aufbewahrung in dunkle Flaschen ab.

ANWENDUNG

Sie können das Öl als pflegendes Körperöl verwenden: Tragen Sie es direkt nach dem Duschen auf die noch feuchte Haut auf. Es eignet sich auch hervorragend als Badeöl oder als Zutat in selbst hergestellter Creme oder Butter.

FRISCH AUS DEM GARTEN

Toben Sie sich aus: Sie können duftende Blüten wie Rosen, Veilchen und Lavendel verwenden oder heilende Öle mit Kamille, Nachtkerze oder Calendula herstellen. Auch Lindenblüten, Rotklee und Löwenzahn eignen sich hervorragend für selbst hergestellte Öle, sie duften eher dezent. Als Basis nehmen Sie stabile Öle wie Jojoba-, Mandel-, Sesam- oder Olivenöl, die lange halten. Selbst hergestelltes Lavendel-/Johanniskrautöl ist ein schönes Sommeröl. Es lindert Sonnenbrand und pflegt die Haut. Bitte beachten Sie: Johanniskrautöl soll man nicht in der Sonne verwenden, tragen Sie es nur am Abend auf. Wer genügend hergestellt hat, kann die Sommeröle natürlich auch im Winter verwenden.

REGISTER

ÜBER DEN AUTOR

Axel Gutjahr lebt im ostthüringischen Stadtroda. Bereits seit frühester Kindheit begeistert er sich für Pflanzen und Tiere. Sein in der Schulzeit angeeignetes, umfangreiches biologisches Fachwissen konnte er sowohl während seiner zwei Studien (Tierzucht und Agrarökonomie) als auch bei seiner beruflichen Tätigkeit als Fachschullehrer für Tierzucht und Assistenz an der Universität Jena, wo er sich mit Verhaltensforschung, Fischzucht und landwirtschaftlicher Wildtierhaltung beschäftigte, noch vertiefen.

Seit 20 Jahren arbeitet er im Thüringer Landesverwaltungsamt Weimar, davon 10 Jahre im Referat Naturschutz und weitere 10 im Referat Landwirtschaft.

Axel Gutjahr hat bisher 60 Sachbücher mit kulinarischen, gärtnerischen, botanischen, aquaristischen, zoologischen und landwirtschaftlichen Inhalten (darunter mehrere Kinderbücher) verfasst.

DANKSAGUNG

Ich möchte mich ganz herzlich bei allen bedanken, die zur Entstehung dieses Buches beigetragen haben. Mein ganz besonderer Dank gilt dem Team des EMF-Verlages, aus dem ich Frau Anne Hörr herausheben möchte. Im Rahmen einer sehr konstruktiven und kollegialen Zusammenarbeit brachte Frau Hörr einige interessante Ideen ein, die im Themengebiet des Kochens ihren Niederschlag fanden.

WEITERE TOLLE BÜCHER

Von der grünen Wiese zum Selbstversorgergarten
ISBN 978-3-96093-592-6

Frisch aus dem Hochbeet – Das Praxisbuch
ISBN 978-3-96093-267-3

Mein Biogemüse-Garten
ISBN 978-3-86355-883-3

Mein Biobalkon
ISBN 978-3-86355-881-9

Bibliografische Information der Deutschen Bibliothek.

Die Deutsche Bibliothek verzeichnet diese Publikation in der Deutschen Nationalbibliografie.

Detaillierte bibliografische Daten sind im Internet über http://www.dnb.de/ abrufbar.

EIN BUCH DER EDITION MICHAEL FISCHER

1. Auflage 2020

Covergestaltung, Layout und Satz: Bernadett Linseisen
Lektorat und Produktmanagement: Anne Hörr
Bildnachweis: Cornelia Gutjahr (S. 8, 17, 20, 31, 33, 39, 40, 46, 47, 48, 50, 51, 52, 56, 57, 58, 62, 63, 64, 67, 68, 69, 72, 73, 74, 76, 77, 79, 81, 83, 85, 88, 90, 92, 93, 95); S.3: © Floydine/Shutterstock; S. 4: © Olga Korica/Shutterstock; S. 6/7: © attem/Shutterstock; S. 9: © Stephanie Frey/Shutterstock; S. 10: © tina gould/Shutterstock; S. 11: © ARTFULLY PHOTOGRAPHER/Shutterstock, © Hochzeiter/Shutterstock; S. 12: © AndiPu/Shutterstock; S. 13: © avoferten/Shutterstock, © Shyntartanya/Shutterstock; S. 14: © bluedog studio/Shutterstock; S. 16: © DUSAN ZIDAR/Shutterstock; S.17: © alicja neumiler/Shutterstock; S. 18: © dabjola/Shutterstock, S. 19: © Coatesy/Shutterstock; S. 20: © Sunbunny Studio/Shutterstock; S. 21: © romiri/Shutterstock; S. 22: © C Levers/Shutterstock; S. 25: © Valentina_G/Shutterstock; S.26: © AmmAmm/Shutterstock; S. 27: © CodoMa/Shutterstock, S. 28: © Sheri Fresonke Harper/Shutterstock, S. 30: © SariMe/Shutterstock; S.33: © Marta Jonina/Shutterstock; S. 34: © terra incognita/Shutterstock; S. 35: © Ilia Baksheev/Shutterstock; S. 36/37: © Alexander Raths/Shutterstock; S. 38: © Minoli/Shutterstock; S. 39: © Vladimir Kruglove/Shutterstock; S. 41: © Maram/Shutterstock; S. 42: © Tharnapoom Voranavin/Shutterstock; S. 43: © VICUSCHKA/Shutterstock; S. 44/45: © Yala/Shutterstock; S. 46: © guentermanaus/Shutterstock; S. 48: © theapflueger/Shutterstock; S. 49: © Heike Rau/Shutterstock, © Manfred Ruckszio/Shutterstock; S. 52: © Manfred Ruckszio/Shutterstock; S. 53: © Elena Koromyslova/Shutterstock, © DSGNSR1/Shutterstock, © Olga Bondarenko/Shutterstock; S. 54: © greendust/Shutterstock; S. 55: © LegART/Shutterstock, © gunsan gimbanjang/Shutterstock; S. 56: © Skyprayer2005/Shutterstock; S. 57: © Manfred Ruckszio/Shutterstock; S. 59: © Irina Borsuchenko/Shutterstock, © Scisetti Alfio/Shutterstock; S. 60: © Mariola Anna S/Shutterstock, © Vahan Abrahamyan/Shutterstock; S. 61: © Bubushonok/Shutterstock, © Polina Shestakova/Shutterstock; © Melanie Hobson/Shutterstock; S. 64: © Svetlana Monyakova/Shutterstock; S. 65: © Orest lyzhechka/Shutterstock, © yuris/Shutterstock; S. 66: © fotoilluvids/Shutterstock, © petratrollgrafik/Shutterstock; S. 67: © fotomarekka/Shutterstock; S. 69: © CHAIYA/Shutterstock; S.`70/71: © Anatoliy Berislavskiy/Shutterstock; S. 72: © Bildagentur Zoonar GmbH/Shutterstock, © LEONARDO VITI/Shutterstock; S. 73: © Manfred Ruckszio/Shutterstock; S. 74: © Mr. Meijer/Shutterstock; S. 75: © Robert Biedermann/Shutterstock, © dadalia/Shutterstock; S. 76: © Henrik Larsson/Shutterstock; S. 78: © Christian Camus/Shutterstock, © ANGHI/Shutterstock; S. 79: © alexmak7/shutterstock; S. 80: © dabjola/Shutterstock, © Miroslav Hlavko/Shutterstock; S.81: © Nata Naumovec/Shutterstock; S. 82: PozitivStudija/Shutterstock, © Konrad Weiss/Shutterstock; S. 83: © Jiri Vaclavek/Shutterstock; S. 84: © Thorsten Schier/Shutterstock, © Martin Fowler/Shutterstock; S. 85: © Nick Pecker/Shutterstock; S. 86: © Brzostowska/Shutterstock, © Bildagentur Zoonar GmbH/Shutterstock; S. 87: © Toni Genes/Shutterstock, © R. Maximiliane/Shutterstock; S. 88: © Bos11/Shutterstock; S. 89: © Alphabetman/Shutterstock, © tamu1500/Shutterstock; S. 91: © Peter Turner Photography/Shutterstock, © mccw thissen/Shutterstock; S. 92: © Suratwadee Rattanajarupak/Shutterstock; S. 93: © AlexanderZam/Shutterstock; S. 94: © Brzostowska/Shutterstock, © Volga/Shutterstock; S. 95: © krolya25/Shutterstock; S. 96/97: © Alexander Raths/Shutterstock; S. 98: © Madeleine Steinbach/Shutterstock; S. 99: © Madeleine Steinbach/Shutterstock, © HETIZIA/Shutterstock; S. 104: © Valentina_G/Shutterstock; S. 105: © Hirundo/Shutterstock; S. 114: © guentermanaus/Shutterstock; S. 115: © Maleo/Shutterstock, S. 116: © Madeleine Steinbach/Shutterstock; S. 117: © Eskemar/Shutterstock.

Grafiken S. 24, 29, 32: Bruno Müller, sowie © innakreativ/Shutterstock, © Studio Barcelona/Shutterstock

Illustrationen Kapitelaufmacher: © shooarts/Shutterstock, © Natasha Pankina/Shutterstock

Sonstige Illustrationen: © Maria_Galybina/Shutterstock, © briddy/Shutterstock

Rezepte: Irina Pawassar: S. 100/101; Nadja Buchczik und Anton Enns: S. 102/103, 106/107, 108/109;
Katharina Küllmer: S. 110/111, 112/113; Dr. Christina Kraus: S. 118, 119, 120/121, 122/123

ISBN 978-3-96093-783-8

Gedruckt bei Polygraf Print, Čapajevova 44, 08001 Prešov, Slowakei

www.emf-verlag.de